JN026215

60分でわかる！ THE BEGINNER'S GUIDE TO
e-BOOKS PRESERVATION ACT & DX

電帳法&
経理DX
超入門

[著]
税理士 土屋裕昭
DX
ディレクター 大沢大作

技術評論社

I.電子帳簿保存法早わかり

Q1 電子帳簿保存法とは？

　国税関係の帳簿・書類を「電子データ」で保存するためのルールです。帳簿や書類は「紙」による保存が原則でしたが、改ざんできないような措置をとるなど、一定の要件を満たしたうえで、電子データによる保存を認めるものです。経理のペーパーレス化やDX(デジタルトランスフォーメーション)を後押しするのが目的です。

Q2 電子データとは？

　パソコンなどで作成した帳簿や決算・取引関係書類のオリジナルデータ(PDFなどに変換したものも含む)は、すべて電子データに該当します。領収書などをスキャンした画像データも同様です。これらのファイルをメールへの添付やクラウドサービスを通じて授受した場合も電子データに該当します。

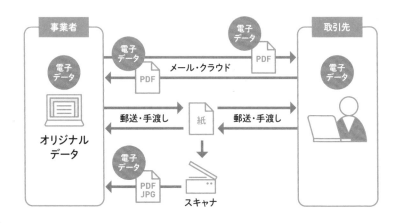

Q3 どんな帳簿や書類が対象になる？

　一つは、各事業者内でやり取りが完結する仕訳帳、総勘定元帳、現金出納帳、売掛金台帳などの帳簿や、貸借対照表、損益計算書などの決算関係書類。

　一つは、自己が発行した、または相手（取引先）から受け取った契約書、納品書、請求書、領収書、見積書、注文書などです（自己が発行したものについてはその控え）。

- -

Q4 スタートはいつから？

　同法の初めての施行は1998年。その後、何度か見直され、2022年1月に大幅な改正がありました。ただし、改正の一部については2年間の宥恕（許容）措置が設けられていて、まもなくリミットを迎えます。2024年1月1日から新ルールが本格的にスタートします。

- -

Q5 小規模事業者や個人事業主にも関係がある？

　法人・個人を問わず、すべての事業者に適用されます。電子データをまったく取り扱わず、紙だけで完結できれば無関与でいられますが、現実的には難しいでしょう。取引先が電子化を進めれば、それに合わせて対応せざるを得ないからです。

間違った対応は、取引先や税務調査で問題に！

Ⅱ.電子帳簿の
3つの区分

電子帳簿保存法はもともと帳簿の電子データ保存についての法律でしたが、現在は帳簿以外の書類にも対象を拡大しています。よって、実質的に3つの法律(保存方法)で構成されています。

電子帳簿保存法

法律名は「帳簿」だが、現在は帳簿以外も対象になっているので、誤解しないように注意!

電子帳簿等保存

ここでの「等」は「書類」のこと

自己が最初からパソコンなどで作成した帳簿や書類を、電子データのまま保存するときのルール。

【対象となる主な書類】

国税関係の 帳簿	国税関係の 決算関係書類	自己が発行した 取引関係書類
[例]仕訳帳、総勘定元帳、売上台帳など	[例]貸借対照表、損益計算書、棚卸表など	[例]契約書、請求書、領収書、見積書など

POINT

・対応は任意(紙に出力して保存してもOK)
 電子帳簿等保存に対応する会計ソフトを利用すれば、簡単に対応できる

電子取引データ保存

| 2024年 1月1日より | 対応 必須 | レベル 普通 |

メールへの添付やクラウドなどウェブで授受した請求書や領収書を、電子データのまま保存するときのルール。

【対象となる主な書類】

> **自己が発行したor相手方から電子データで受け取った**
> # 取引関係書類
>
> ［例］・電子メールへの添付などで授受した請求書や領収書などのPDFやエクセルファイル
> ・クラウドサービスからダウンロードした請求書や領収書などのPDFやJPG
> ・クレジットカードや交通系ICカードの利用明細を電子データで受領

POINT

- ・2024年1月1日から対応が必須！
- ・授受した電子データは電子データでの保存が必須
- ・各種要件に注意

スキャナ保存

| 対応 任意 | レベル 難 |

紙で発行・受領した書類（発行の場合はその控え）を、スキャンして画像データで保存するときのルール。

【対象となる主な書類】

> **自己が発行したor相手方から紙で受け取った**
> # 取引関係書類
>
> ［例］紙の契約書、請求書、領収書、見積書など

POINT

- ・対応は任意（紙のまま保存してもOK）
- ・全従業員が関係するため、社内のルールづくりが重要

Ⅲ.電子帳簿保存法 「対応」判定シート

　2024年1月1日からの新ルールのスタートに合わせて、全事業者が必ず取り組まなければならないのは、電子取引データ保存です。電子帳簿等保存とスキャナ保存についても要件が緩和されますが、電子データでの保存に移行するかどうかは各事業者の任意です。

　ただし、電子帳簿保存法の目的は経理のDXの推進です。法律で定められたから取り組むのではなく、下の表を参考にどの業務について効率化したいかを考え、対応を検討しましょう。

▶2024年1月1日からの対応の必要性と難易度

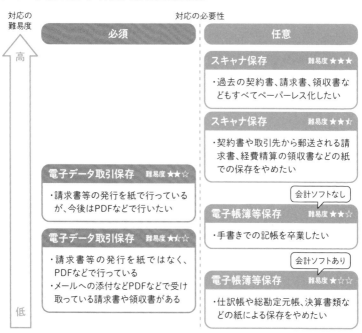

Ⅳ.本書の構成

　新ルールで義務化されるのが電子取引データ保存であることを踏まえ、本書では、Part1で電子帳簿保存法の全体像を俯瞰したあと、Part2で先に「電子取引データ保存」について説明しています。

　続くPart3では導入が容易な「電子帳簿等保存」、Part4では難度の高い「スキャナ保存」を取り上げ、Part5では電子取引データ保存の中でも、急速に普及が拡大している「電子契約」について紹介します。Part6では、対応に迷いがちなケースを整理します。

　本書の流れは、電子帳簿保存法への対応プロセスとほぼイコールです。段階を踏んで無理なく電子化への移行を図りましょう。

▶**本書の構成と対応プロセス**

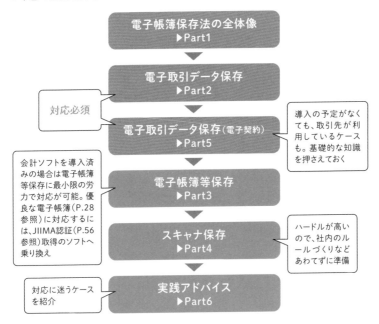

電子帳簿保存法の全体像
▶Part1

電子取引データ保存
▶Part2

対応必須

導入の予定がなくても、取引先が利用しているケースも。基礎的な知識を押さえておく

電子取引データ保存（電子契約）
▶Part5

会計ソフトを導入済みの場合は電子帳簿等保存に最小限の労力で対応が可能。優良な電子帳簿（P.28参照）に対応するには、JIIMA認証（P.56参照）取得のソフトへ乗り換え

電子帳簿等保存
▶Part3

スキャナ保存
▶Part4

ハードルが高いので、社内のルールづくりなどあわてずに準備

対応に迷うケースを紹介

実践アドバイス
▶Part6

Contents

Part

1

何から始めればいい?

電子帳簿保存法の
ポイントを理解しよう 13

Part

2

全事業者が対応必須!

PDFの請求書や領収書など
電子取引データ保存のルール 31

Part 3 対応する会計ソフトで作成するだけ!

帳簿・書類など 電子帳簿等保存のルール ………………………… 49

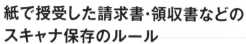

Part **6** Q&Aでわかる
**実務の現場で役立つ
電帳法の実践アドバイス** 103

Part

1

何から始めればいい？

電子帳簿保存法の
ポイントを理解しよう

電子帳簿保存法は
全事業者に共通するルール

◉ 経理のDXで紙ベースから電子データへ移行

　電子帳簿保存法（以下、**電帳法**）は、仕訳帳、総勘定元帳、貸借対照表、損益計算書などの**国税関係帳簿や決算関係書類を、電子データ（電磁的記録）で保存するときのルール**を定めた法律です。

　そのほか、**紙で発行・受領した契約書や請求書、領収書などの書類を電子データ化して保存**する場合や、同じくこれらの取引関係書類をメールへの添付やクラウドを通じて**電子データとして発行・受領した場合の保存**のルールについて規定しています。

　電帳法は、正式名称を「電子計算機を使用して作成する国税関係帳簿書類の保存方法等の特例に関する法律」といい、1998年7月に施行され、その後、何度か改正が行われてきました。近年、この電帳法が注目を集めている理由は、**2024年1月1日から新ルールがスタートし、「電子データで保存するときの要件緩和」「電子取引データ保存の義務化」**が行われるためです。

　これまで税法では、帳簿や経理関係の書類は紙による保存が原則とされてきました。しかし、テレワークの普及やDX（デジタルトランスフォーメーション）の波を受け、法律の面でも経理・会計のDXを後押しするのが新ルールのねらいです。

　一方で、紙から電子への移行期であるため、実際にどのように法律に従えばOKなのか、税務関係者の中でも解釈を間違えたり、具体的な対応については不透明であったりする部分もあります。**電帳法は法人、個人にかかわらず適用**されます。基本的な考え方をよく理解して、慎重に対応することが求められます。

● 電帳法のねらい

経理の
DXを
推進!

税法の原則	電子帳簿保存法
紙で交付 → 紙で保存	電子データ → 義務 → 電子データ　紙で保存

紙での保存は
実質的な経過措置

● 電帳法の対象となる書類

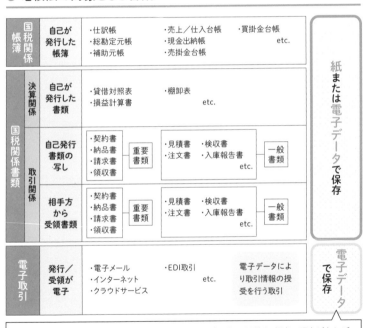

国税帳簿関係	自己が発行した帳簿	・仕訳帳　・総勘定元帳　・補助元帳	・売上／仕入台帳　・現金出納帳　・売掛金台帳	・買掛金台帳　etc.		
国税関係書類	決算関係	自己が発行した書類	・貸借対照表　・損益計算書	・棚卸表　etc.		
	取引関係	自己発行書類の写し	・契約書　・納品書　・請求書　・領収書 【重要書類】	・見積書　・注文書　・検収書　・入庫報告書　etc. 【一般書類】		
		相手方から受領書類	・契約書　・納品書　・請求書　・領収書 【重要書類】	・見積書　・注文書　・検収書　・入庫報告書　etc. 【一般書類】		
電子取引	発行／受領が電子	・電子メール　・インターネット　・クラウドサービス	・EDI取引　etc.	電子データにより取引情報の授受を行う取引		

紙または電子データで保存

電子データで保存

2023年12月31日までは、紙のみの保存でもOK。2024年1月1日以降も、相当の理由があれば、紙での保存が認められるが、併せて電子データの保存も必要

> 「相当の理由」の詳細については、2023年5月
> 時点では未公表のため、最新情報に注意!

まとめ

☐ 帳簿書類は紙で保存が原則だが、電子データ保存が可能に

☐ 電帳法は、法人も個人事業主も対象とする共通ルール

取引先のDXによって
個人も小規模事業者も対応は不可避

● 紙の請求書が受け取ってもらえなくなる可能性も

　小規模事業者や個人事業主、フリーランスなどの中には、帳簿は手書きで記帳、請求書や領収書は紙を手渡しまたは郵送でやり取りしている人もいるかもしれません。

　しかし、**取引先のDXが進めば、システムの都合上、紙の請求書などを受け取ってもらえなくなる可能性が出てきます**。電子データの比重が高まる中、一部の書類だけ紙で受け取ると、分けて保存・管理を行わなければならないため、負担になるからです。

　紙で受け取ってもスキャンして電子データにすることはできますが（Part4参照）、スキャンについてもルールが設けられていて、やはり大きな手間となります。

　このように取引先との関係もあることから、どんな事業者であっても、電帳法への対応は不可避と考えるべきです。

　では、万が一、電帳法のルールに違反していた場合はどうなるのでしょうか。

　まず、電帳法に従って保存されていない国税関係の帳簿や書類については、正式なものとは認められません。そのため、**青色申告の承認を取り消される**可能性があります。

　また、税務調査において仮装隠蔽による不正が発覚した場合には、通常35％の重加算税が課されますが、スキャナ保存や電子取引データの改ざん等による不正については、**重加算税35％にさらに10％が加重**される罰則規定が設けられています（P.84参照）。

　電帳法は複雑なため、ポイントを押さえた対策が必要です。

● メールに添付した請求書や領収書なども電子データ

PDF、Word、Excelなどで作成して
送信した請求書なども電子データ

発行側 → 受領側

出力して紙で保存する場合も、
発行側・受領側とも
電子データの保存が必要

● 電子帳簿保存法関連の罰則規定

罰則
1

**国税関係帳簿書類及び電子取引データについて、
電帳法の要件に従った保存がされていない場合**

▶ 税法上保存義務がある帳簿書類として取り扱われず、青色申告
の承認の取消対象になり得る

罰則
2

**スキャナ保存、電子取引データの改ざんなどにより
不正があった場合**

▶ 税務調査で仮装隠蔽による、電子データの記録にかかわる法人税
などの過少申告が見つかったときは、通常の重加算税の税率35%
に10%が加重され、計45%の重加算税が課される（P.84
参照）

最低限、電子取引については
電子データの保存が必要

まとめ
□ 取引先がDXで紙の請求書を受け付けなくなる可能性がある
□ 電帳法には罰則規定があり、青色申告承認取り消しも

電帳法の定める
3つの保存方法とは?

● 電子データの保存には要件を満たす必要がある

　帳簿や書類の種類によって、電帳法が規定する電子データの保存方法は異なります。右図のとおり、保存方法には「①電子帳簿等保存」「②スキャナ保存」「③電子取引データ保存」の3つがあります。

　各保存方法の詳細については後ほど説明しますが、**共通する保存のポイント**があります。

　一つは、**内容が改ざんされていないことを示す「真実性」**を確保すること（P.22参照）。一つは、**誰でも視認・確認ができるように「可視性」**を確保すること（P.52参照）です。

　電子データの記録を訂正したり、削除を行ったりする場合には**履歴が残る保存方法**を採用しておかなければなりません。そうしなければデータの改ざんなどにつながり、不正が横行してしまいます。これが「**真実性の確保**」です。

　また、電子データの状態では視認できないため、内容を確認できるようにディスプレイなどを用意して可視化する方法を備えておくことなどが定められています。これが「**可視性の確保**」です。

　真実性の確保、可視性の確保とも、税務調査などが入ったときに、きちんと説明できる状態にしておくための要件といえます。

　注意したいのは、**2024年1月1日以前と以降で要件が変更になる**ことです。たとえば、2023年12月31日まではスキャナ保存では、スキャン時の解像度や階調、大きさなどの情報を保存しておき、あとで確認できるようにしておかなければなりませんが、2024年1月1日以降は保存しておく必要がなくなります。

● 電帳法の3つの保存方法

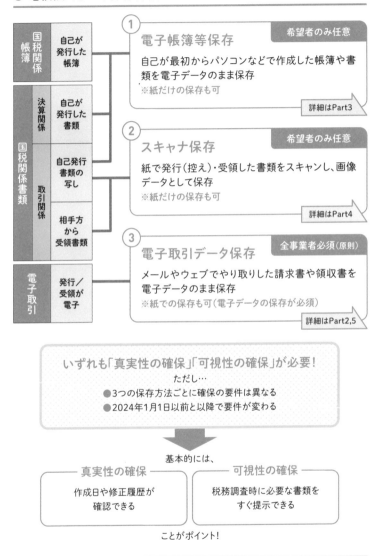

国税帳簿関係	自己が発行した帳簿
国税関係書類	決算関係	自己が発行した書類
	取引関係	自己発行書類の写し
		相手方から受領書類
電子取引	発行/受領が電子

① 電子帳簿等保存　　希望者のみ任意

自己が最初からパソコンなどで作成した帳簿や書類を電子データのまま保存
※紙だけの保存も可

> 詳細はPart3

② スキャナ保存　　希望者のみ任意

紙で発行(控え)・受領した書類をスキャンし、画像データとして保存
※紙だけの保存も可

> 詳細はPart4

③ 電子取引データ保存　　全事業者必須(原則)

メールやウェブでやり取りした請求書や領収書を電子データのまま保存
※紙での保存も可(電子データの保存が必須)

> 詳細はPart2,5

いずれも「真実性の確保」「可視性の確保」が必要!

ただし…
●3つの保存方法ごとに確保の要件は異なる
●2024年1月1日以前と以降で要件が変わる

基本的には、

― 真実性の確保 ―

作成日や修正履歴が確認できる

― 可視性の確保 ―

税務調査時に必要な書類をすぐ提示できる

ことがポイント!

まとめ

□ 電帳法が定める保存方法は3種類

□ 「真実性の確保」と「可視性の確保」がポイントになる

準備が必要な
デバイス・ソフト・環境は？

● 小規模事業者はクラウド型がおすすめ

　電帳法に対応するために何が必要かは、事業規模や扱う書類の量、経理作業の電子化をどこまで進めるかによって異なります。

　まず最低限必要なデバイス（機器）は、データを可視化するときに必要なモニター（ディスプレイ）付きのパソコンです。

　スキャナ保存はオフィスの**複合機**や**家庭用のプリンター**のスキャナ機能で OK。**スマートフォン**で撮影した画像データもスキャナ保存として認められます。保存するデータ形式については、**PDF** や**JPEG（JPG）**が一般的です。スマートフォンで撮影した画像データは通常 JPG 形式になっています。

　PDF はデータを画像化したようなものです。ワードやエクセルで作成した請求書等はそのままの形式で電子データとして保存しておくことも認められていますが、PDF 化することで改ざんがしにくくなります。ワードやエクセルをはじめ多くのビジネス用ソフトには、保存時に PDF データへ変換できる機能が付いています。また PDF を読み取るだけなら無料ソフトをネットから入手できます。

　会計ソフトはインストール（オンプレミス）型とクラウド型の2タイプがあります。インストール型はパソコンにソフトをインストールして、オフライン（当該のパソコンだけ）で利用するもの。クラウド型はネット上にあるサービスをオンラインで利用するものです。いまから導入するのであれば、クラウド会計サービスがおすすめです。**電帳法やインボイス制度に対応し、小規模事業者や個人事業主でも安価で利用できるサービス**が増えています。

● 電帳法への対応に必要なデバイス・ソフト

	必要なもの	用途
デバイス	ディスプレイ付きパソコン	可視化の確保
	複合機／プリンター	書類などのスキャン（スキャナ保存）
	スマートフォン	書類などの撮影（スキャナ保存）
ソフト	PDFの作成や読み取りが行えるソフト	【作成】Word、Excelをはじめビジネス用途のソフトの多くに標準装備 【読み取り】Adobe Acrobat Readerなど（無料でダウンロード可能）

● インストール型とクラウド型の会計ソフトの違い

種別	インストール型	クラウド型
ネット環境	不要	必要
デバイス	パソコン（Mac未対応のソフトあり）	パソコン・タブレット・スマホ
初期費用	ソフト本体の代金	なし
継続費用	税制改正などに対応するためのバージョンアップ費用	月額／年額で利用料金が発生
サポート費用	年額で必要になるケースが多い	継続費用に含まれている
メリット	・安価に導入できる ・オフラインで利用可能 ・システム障害が起きにくい	・ネット環境があればどこからでも利用可能 ・銀行口座やクレジットカード、キャッシュレス決済などと連携可能 ・法改正への対応や新機能が自動的に追加 ・税理士との連携が容易
デメリット	・メンテナンスが必要 ・ソフトをインストールしたパソコンでしか利用できない ・Mac未対応のソフトがある	・月額の費用が発生する ・オンライン環境でなければ使えない

まとめ

□ 特別なデバイスの用意は必要ない

□ 会計ソフトはクラウド型が主流になる可能性が高い

真実性を確保して
データの改ざんを防止する

● タイムスタンプでデータの改ざんを排除

　電子データだけを保存する場合、真実性の確保（P.18参照）が特に重要です。真実性の確保の方法には、「①**タイムスタンプを付与する**」「②**電磁的記録の訂正削除履歴が残るまたは訂正削除ができないシステムでデータの授受・保存の双方を行う**」「③**各事業者が決めた訂正削除についての事務処理規程を備え付ける**」の3つがあります。詳細は後述するので、ここでは概略のみ簡単に取り上げます。

　①のタイムスタンプは、電子データの作成日時を記録（存在証明）するとともに、その日時以降に改ざんされていないことを証明（非改ざん証明）するものです。タイムスタンプの付与は「**時刻認証業務認定事業者（TSA）と契約する**」、「**認定スタンプの付与が可能な会計システムを利用する**」のいずれかで行います。

　前者は事業者がタイムスタンプ付与の認証手続きをTSAと直接行うもの。後者はクラウドなどの会計システム側がTSAと契約を結んでいて、事業者が電子データを作成すると自動的にタイムスタンプが付与されるものです。対応している会計ソフトかどうかは、公益社団法人日本文書情報マネジメント協会によるJIIMA認証（P.56参照）の有無でわかります。

　②の訂正削除履歴が残るシステムには、OneDriveなど一般的なクラウドストレージが該当します。ただし、**同一のクラウドストレージ内で電子データの授受と保存を行う必要があるため**、メールに添付されたPDFの請求書をクラウドにアップした場合は要件を満たしません。③の事務処理規程の備え付けが必要です（P.40参照）。

● 電子取引の場合

① タイムスタンプ付与の流れ

▶ TSAと契約している場合 —— 基本契約料などが発生するため、小規模事業者には不向き

タイムスタンプの対象書類をスキャン・撮影（Part4参照）
※請求書などの発行時だけでなく、受領した書類にタイムスタンプが付与されていないときも、タイムスタンプの付与が必要

↓

| TSAのタイムスタンプシステムに画像をアップロード | → | TSAからタイムスタンプが付与 |

TSAの認定業者（2023年5月現在）
アマノ株式会社／セイコーソリューションズ株式会社／株式会社TKC／株式会社サイバーリンクス／三菱電機インフォメーションネットワーク株式会社

▶ 認定スタンプが付与される会計システムを利用する場合

作業をして保存するだけで、自動的にタイムスタンプを付与

- -

② 授受した電子データをクラウドストレージに保存した場合
【訂正及び削除の防止に関する事務処理規程の備え付けがないケース】

修正履歴の残るクラウドAからダウンロードまたは確認し、本データはクラウドAにそのまま保存されている

修正履歴の残るクラウドAからダウンロードし、修正履歴の残らないクラウドBに保存

電子メールへの添付で受け取ったPDF（請求書など）を修正履歴の残らないクラウドBに保存

事務処理規程の備え付けがない場合は、電磁的記録の訂正削除履歴が残るシステムへの保存が必要

● 紙で保存する場合

・電子データの保存方法は問わない
・税務調査時に求めに応じてダウンロードできればOK（P.36参照）

まとめ
☐ タイムスタンプは認定事業者から付与されたものが必要
☐ クラウド会計サービスの利用で「真実性の確保」が可能

インボイス制度との
保存要件の違いに注意する

● インボイス制度ではOKでも、電帳法では不可の要件も

2023年10月にインボイス制度がスタートします。**電帳法は所得税や法人税など国税**についてのルールなのに対して、**インボイス制度は事業者が納める消費税**（国税＋地方税）についてのルールです。

消費税の納税額の計算は「売上時に預かった消費税－仕入れや経費で支払った消費税」で行うのが原則（仕入税額控除）ですが、インボイス制度の開始以降は**請求書や領収書がインボイス（＝適格請求書、適格簡易請求書）でなければ、仕入税額控除を受けられなく**なります。インボイス発行事業者になるためには、税務署への事前申請が必要で、発行・受領するインボイスには、登録番号や適用税率など必要な記載項目を満たしている必要があります。

電帳法もインボイスも税金に関するルールですが、**同一書類でも保存方法の規定に違い**があります。

たとえば、電帳法では電子データで受領した領収書は電子データのまま保存するのが原則ですが、消費税法では電子データのままでも、紙に出力しての保存も認められています。

そのため、インボイス制度では、メールの添付などで受け取った電子インボイスを紙に出力して保存し、電子インボイスは破棄してしまっても消費税の仕入税額控除を行えます。ただし、電帳法の対象である所得税や法人税の申告では問題になります。つまり、**いずれにしても電子データで受け取った請求書や領収書は電子データのまま保存**しておく必要があるということです。ほぼ同時期に新たに2つの制度がスタートするため、注意しましょう。

● 電帳法とインボイス制度の違い

インボイス制度	電帳法

▶経理業務への影響

請求書や領収書の取り扱いや、仕訳作業の**煩雑化**(仕入税額控除の場合)

▶経理業務への影響

電子帳簿や電子データで発行・受領した請求書、領収書などの保存方法の**厳格化**

電子データで受信した
国税関係書類

電子帳簿保存法と同等の要件を満たした場合

電子データで受信した
国税関係書類

プリントアウト

データでの
保存も**可能**

紙だけでの
保存も可

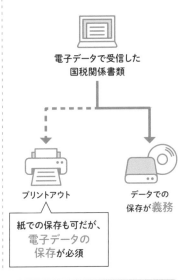

プリントアウト

データでの
保存が**義務**

紙での保存も可だが、
電子データの
保存が必須

- ●インボイス制度では、紙だけでの保存が認められていても、電帳法では認められていない
- ●インボイス制度では、領収書などから登録事業者か否かの確認業務が発生するため、スキャンをしてクラウド会計による自動仕訳などを利用するのが現実的
- ●帳簿も電子データで保存するほうがスペースを取らない

インボイス制度の要件を満たしていても、
電子データ等の取り扱いの理解は必須!

まとめ

- □ インボイス制度は消費税、電帳法は所得税と法人税に関係
- □ インボイス制度と電帳法の双方の要件を満たすことが必要

電帳法への対応は
社内全体のDXを念頭に進める

● 他部門や一般社員、取引先との連携も考慮

　経理では、経費精算や帳簿作成などで複数のソフトやサービスを使い分けているケースがあります。給与計算ソフトや契約書管理システムを利用しているところもあるでしょう。電帳法への対応を考えて**新たなソフトやサービスに移行する場合、これらのソフト間の連携を考える必要があります。**

　とりあえず試して、うまくいかなければまた新たなシステムに移行できるといいのですが、そう単純な話ではありません。真実性の確保の要件が絡むため、**過去に作成したデータを新しいシステムに移行できず、電子データの保存義務のある7年間は移行前のシステムも並行して維持しなければならない**といったことも起こり得ます。当然、サービスの利用料も支払い続けなければなりません。

　また、他部門や一般社員、さらには取引先も扱いやすいシステムかどうかも重要です。経理のDXは電帳法への対応や、部門内のペーパーレス化で完結するわけではありません。販売管理システムとの連携なども必要ですし、他部門の各担当者から送られてくる請求書や一般経費の領収書なども、ペーパーレスであることが望ましいのは言うまでもありません。**電子と紙の両方に対応しなければならないと、かえって業務が煩雑になりかねません。**

　経理部門は受発注や決済などの商取引だけでなく、社員の給与支払いなど多くの部門と関係しています。単に電帳法に対応するだけでなく、会社全体の業務フローを見直して、ソフトやサービスを選択することが、結果的に経理部門の負担も軽くします。

▶ 各種サービスとの連携が必須

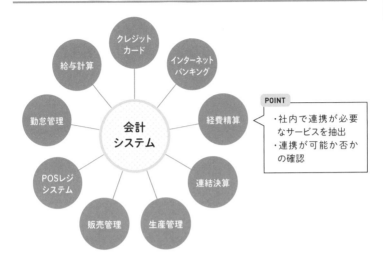

POINT

・社内で連携が必要なサービスを抽出
・連携が可能か否かの確認

▶ 全社の業務フローから経理のDXを捉える

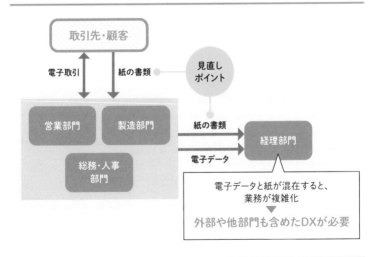

まとめ

□ DXの目的は業務の効率化を図ること

□ 全社的な視点で経理のDXを捉える

2024年1月からスタートする 新ルールのポイント

◎ 2024年1月1日以前と以後の要件の違いに注意

　すでにお話ししたとおり、電帳法はこれまでも何度か改正されてきましたが、2024 年 1 月 1 日からさらに要件の緩和や廃止、対象者拡大などの見直しが行われます。

　具体的には、電帳法の 3 つの保存法（P.18 参照）のうち、**電子取引データ保存が全事業者に義務化**されます。**メールへの添付やクラウドなどウェブ経由で授受した請求書や領収書は電子データのまま保存**しておかなければならなくなります。ただし、これまでファイル名に「日付」「取引金額」「取引先」の 3 つを検索条件として設定し、このうち 2 つ以上の項目を組み合わせて検索できるようにしておく必要がありましたが、こちらについては売上規模などによって検索条件の設定が不要になります。

　また、**電子帳簿等保存では、優良な電子帳簿の範囲の見直し**が行われます。優良な電子帳簿とは一定の要件を満たすことで、税務調査などで過少申告が判明した場合に加算税の軽減措置を受けられるものです。ただし、優良の基準が不明瞭でした。新ルールでは範囲が限定されて明確化されるため、対応しやすくなります。

　スキャナ保存では、各種要件が緩和されます。対象となる書類が限定されたほか、解像度やスキャナの読み取りを行った人の情報などについての要件が一部不要または廃止になります（P.69 参照）。

　各詳細については後述しますが、このようにルールが大きく変わるため、いまから DX に取り組む場合は、2024 年 1 月に照準を合わせたほうがいいかもしれません。

● 2024年1月から変更になる主な要件

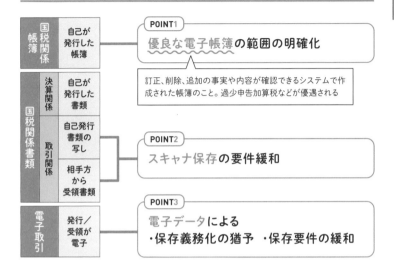

| 国税関係帳簿 | 自己が発行した帳簿 | POINT1 優良な電子帳簿の範囲の明確化 |

訂正、削除、追加の事実や内容が確認できるシステムで作成された帳簿のこと。過少申告加算税などが優遇される

国税関係書類 / 決算関係 / 自己が発行した書類

取引関係 / 自己発行書類の写し / 相手方から受領書類

POINT2 スキャナ保存の要件緩和

電子取引 / 発行／受領が電子

POINT3 電子データによる
・保存義務化の猶予　・保存要件の緩和

● 2024年1月からルールに変更がある範囲

種別	2023年12月31日まで	2024年1月1日以降
優良な電子帳簿の範囲	すべての帳簿を対象	一部の帳簿に限定（仕訳帳、総勘定元帳、損益計算書の記載科目に関わるすべての補助簿、貸借対照表の記載科目のうち必要性の高い科目に関わる補助簿）
スキャナ保存制度の要件	スキャナ読み取り時の解像度や入力者などに関する情報についての要件あり	一部不要または廃止
	重要書類（契約書や領収書、請求書など）のほかに、一般書類（見積書や注文書など）も必要に応じて対象	対象を資金やモノの移動に直結する契約書、領収書、納品書、請求書などに限定
電子取引の保存要件の見直し	電子記録の保存者に関する情報が必要	廃止
	基準期間の売上高1,000万円以下の事業者は検索機能の確保を免除	検索機能の確保が免除される事業者の条件が、基準期間の売上高5,000万円以下に拡大

まとめ

□ 2024年1月1日からの新ルールでは、大幅に要件が緩和

□ これからDXに取り組むなら新ルールの開始に合わせる

IT導入補助金を活用しよう

　電帳法やインボイス制度への対応のために、新たなソフトやシステムを導入するのは、小規模事業者や個人事業主にとってはコストの面から頭の痛い問題です。

　そこで活用したいのが、経済産業省 中小企業庁が管轄する「IT導入補助金」です。中小企業や小規模事業者が生産性向上のためにITツールを導入する際にかかる費用の一部を補助するものです。

　業務効率化や売上アップをサポートするための通常枠のほか、セキュリティ対策推進枠などいくつか枠があり、企業間取引のデジタル化推進を目的としたデジタル化基盤導入枠では、会計ソフトや受発注ソフト、決済ソフトなどのほか、パソコン・タブレットなどの購入費も補助の対象となります。

　補助率はソフトウェアについては、50万円以下の部分の3/4以内、50万円超〜350万円部分の2/3以内。ハードウェアについてはパソコンやタブレット、プリンターなどの場合、補助率1/2以内で、補助上限額は10万円です。また、クラウドの利用料についても最大2年分が補助されます。

　ただし、補助対象となるのは、事務局に登録されているIT導入支援事業者の認定を受けたITツールに限られます（https://www.it-hojo.jp/applicant/vendorlist.html から検索できます）。

　導入したいITツールを決めたら交付申請を行い、交付決定の知らせを受けたうえで導入します。交付申請期間は年に3、4回に分かれていて、申請の締め切り日から40日ほどで交付の可否が決まります。

Part

2

全事業者が対応必須!

PDFの請求書や領収書など
電子取引データ保存のルール

電子取引データ保存への対応は
全事業者に必須

◉ 電子取引データ保存の対応から着手する

　Part1 で、電帳法の３つの保存方法を紹介しました。誤解しては
いけないのは、**必ずしもすべてに対応する必要はない**ことです。そ
もそも電帳法は紙ではなく、帳簿や書類を電子データのまま保存す
ることを認め、そのための要件を定めたものです。帳簿、見積書や
領収書、契約書など対象とする範囲が広いため、実質的に３つの法
律（３つの保存方法）に分かれています。

　３つのうち、**2024 年１月から全事業者が必ず対応しなければな
らないのが、「電子取引データ保存」**です。着手すべき優先順位の１
番目となります。

　残りの２つはいわば努力目標です。取りかかりやすさでいうと、
会計ソフトを使って帳簿をつけていれば、ほぼクリアできる**「電子
帳簿等保存」が２番目**。ややハードルの高い**「スキャナ保存」が３
番目**となります。

　最優先の電子取引データ保存の対象になるのは、電子データで発
行・受領した請求書、領収書、契約書、見積書などです。**メールに
PDF などで添付された書類や、Amazon などのネット通販の利用
時にサイトからダウンロードする領収書**などが該当します。

　Part2 では、この電子取引データ保存について解説します。なお、
現状、３つの保存法のすべてに対応している会計ソフトは少数です。
電子取引データ保存では、必ずしも会計ソフトを必要としませんが、
導入する場合は同保存法に対応しているソフトの中から、将来的に
どこまで電子化を進めるかを考えて選ぶのがいいでしょう。

● 電帳法対応の優先順位

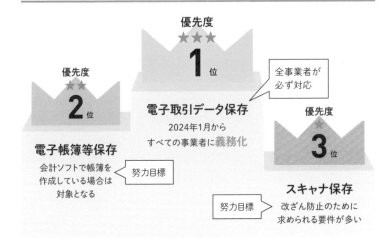

優先度
★★★
1位

電子取引データ保存
2024年1月から
すべての事業者に義務化

全事業者が
必ず対応

優先度
★★
2位

電子帳簿等保存

会計ソフトで帳簿を
作成している場合は
対象となる

努力目標

優先度
★
3位

スキャナ保存

努力目標

改ざん防止のために
求められる要件が多い

● ソフトを組み合わせて電帳法に対応

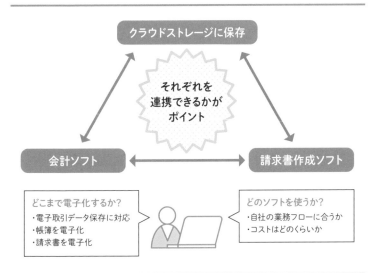

クラウドストレージに保存

それぞれを
連携できるかが
ポイント

会計ソフト ←→ **請求書作成ソフト**

どこまで電子化するか?
・電子取引データ保存に対応
・帳簿を電子化
・請求書を電子化

どのソフトを使うか?
・自社の業務フローに合うか
・コストはどのくらいか

まとめ

□ 電帳法の3つの保存法、すべてに対応する必要はない

□ 2024年1月から義務化される電子取引データ保存への対応が優先

電子データでやり取りした書類は
"電子取引"として保存の対象になる

◉取引関係書類の多くは、電子取引のデータ保存対象

　前述のとおり、電子取引データとは、**相手先と紙ではなく、電子データで発行・受領した請求書、領収書、契約書、見積書、納品書**などを指します。最近はこれらの書類をエクセルや PDF にしてメールに添付したり、クラウドサービスにアップロード・ダウンロードしたりして授受することが増えてきました。こうした場合に電子取引データ保存の対象となります。

　電子取引データのファイル形式についての定めはありません。ショッピングサイトなどで備品を購入したようなときは、画面をhtml ファイルで保存したり、スマホのスクリーンショットを保存したりしてもかまいません。

　電子取引データ保存で大切なのは、**ファイル名以外は変更せず、そのまま保存**しなければならないことです。元のデータを印刷して紙で保存している場合でも、法人、個人（青色申告の場合）ともに確定申告書の提出期限翌日より最低 7 年間は電子取引データを破棄できません。

　2023 年までは宥恕措置により紙の保存も認められていましたが、2024 年以降は電子取引データの保存が必須です。なお、社内のワークフロー整備が間に合わない等の場合、電子取引データの保存要件を満たしていなくとも紙の提示で代替可能とされていますが、「相当の理由」があると税務署長に認められる必要があるため、対応不可避と考えたほうがよいでしょう。とはいえ、**電帳法の 3 つの保存方法の中でも、対応のハードルは低く、覚えることはわずかです。**

● 電子取引データの保存方法

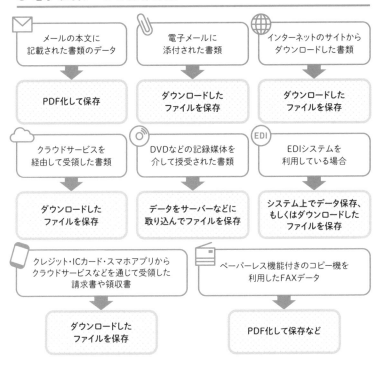

メールの本文に
記載された書類のデータ

↓

PDF化して保存

電子メールに
添付された書類

↓

ダウンロードした
ファイルを保存

インターネットのサイトから
ダウンロードした書類

↓

ダウンロードした
ファイルを保存

クラウドサービスを
経由して受領した書類

↓

ダウンロードした
ファイルを保存

DVDなどの記録媒体を
介して授受された書類

↓

データをサーバーなどに
取り込んでファイルを保存

EDIシステムを
利用している場合

↓

システム上でデータ保存、
もしくはダウンロードした
ファイルを保存

クレジット・ICカード・スマホアプリから
クラウドサービスなどを通じて受領した
請求書や領収書

↓

ダウンロードした
ファイルを保存

ペーパーレス機能付きのコピー機を
利用したFAXデータ

↓

PDF化して保存など

● 電子取引データ保存の要件

①真実性の担保

改ざん防止のため、以下のいずれかの措置をとる
・相手からタイムスタンプが付されたデータをもらう
・スキャナ保存と同様に、入力期間内にタイムスタンプを付与する
・データの訂正や削除を行うことができないシステムで保存。もしくは訂正や削除を行った場合にその事実が確認できるシステムの利用
・訂正や削除に関する事務処理規程を定めて運用する

日付、金額は範囲を指定して検索できる必要も

2023年12月31日までは付与した者が特定できる情報が必要（2024年1月1日以降は廃止）

②可視性の担保

・日付、金額、取引先のうち2つ以上を組み合わせて検索できるようにする
・ディスプレイやプリンターなどを備え付ける
・市販のソフトを利用する場合はシステム概要書を備え付ける

まとめ

□ データでやり取りした取引関係書類は保存の対象
□ 画面コピーやスマホのスクリーンショットでもOK

2024年1月から電子取引データの検索機能の確保の不要対象者が拡大

◎ 売上高5,000万円以下は検索要件が不要に

　電帳法では、電子取引データ保存に関しては原則として、可視性の確保のために日付、金額、取引先の3点で検索できるようにしておかなければなりません。しかし、このために新たなシステムを導入するには費用がかかり、また検索項目の入力に相当な時間と手間がかかることから、小規模事業者にとっては重い負担となります。

　そこで、基準期間（通常、2課税年度前）の売上高などにより、検索機能の確保の要件が不要になる制度が設けられています。**2023年12月31日までは、基準期間の売上高が1,000万円以下**の事業者で、「税務職員の求めに応じて電子取引データを提出できる」こと、**2024年1月1日以降は、同売上高が5,000万円以下の事業者**で、税務調査などの際に日付や取引先ごとに整理されたデータのプリントアウトの提示や提出の求めに応じることができれば、検索機能の確保が不要になります。

　なお、**売上高5,000万円超の事業者**でも、所轄税務署長に「相当の理由がある」と認められ、「税務調査時に電子データのダウンロード及び出力した紙の提示または提出に応じることができる」場合には、検索機能の確保は不要になります。

　このように事業者によっては検索機能の確保が不要になりますが、税務署員の求めに応じて電子取引データ及び紙に出力したものを提示できなければなりません。メールで受信したまま放っておいて探し出せなくなってしまったというようなことが起こらないように、実務的には、検索できるようにしておく必要があります。

● 検索機能の確保が不要になる売上高判定期間

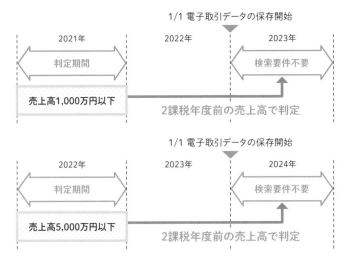

POINT

● 「課税売上高」ではなく「売上高」(営業外収入や雑収入は含まない)が基準
● 基準期間が1年に満たない事業者は、「基準期間の売上高÷基準期間に含まれる課税期間の月数×12カ月」で1,000万円以下かを判定

● 表計算ソフトでデータを整理する

①索引簿を作成する

連番	日付	金額	取引先	備考
①	20230131	110,000	㈱霞商店	請求書
②	20230210	330,000	国税工務店㈱	注文書
③	20230228	330,000	国税工務店㈱	領収書
④				
⑤				
⑥				
⑦				
⑧				

出典:国税庁「電子帳簿保存法関係 参考資料」より作成

②検索できるファイル名をつける

PDF

20230131_(株)霞商店_110000

日付_取引先名_金額

索引簿に従って、ファイル名の付け方を統一する

まとめ

□ 基準期間の売上高によって検索機能の確保が不要に

□ 検索機能の確保が不要でも、書類を探し出せるようにしておく

画面でわかる!
電子取引データ保存対応ソフト

弥生シリーズの請求書作成ソフト

●「Misoca(ミソカ)」の画面

同ソフト自体はJIIMA認証を取得してないが、同じシリーズの「証憑管理サービス」との無料連携(設定の必要あり)で、電子取引データ保存へ対応。

クリック ⟶ **請求書を新しく作る**

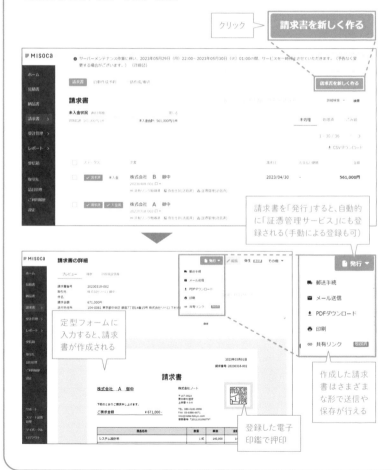

請求書を「発行」すると、自動的に「証憑管理サービス」にも登録される(手動による登録も可)

定型フォームに入力すると、請求書が作成される

作成した請求書はさまざまな形で送信や保存が行える

登録した電子印鑑で押印

●「証憑管理サービス」の画面

発行・受領した請求書・領収書・納品書・見積書などの証憑をクラウド上で保存・管理できる。
スキャナ保存（Part4参照）にも対応。

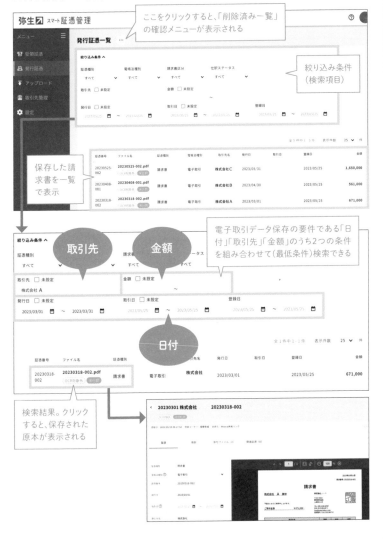

ここをクリックすると、「削除済み一覧」の確認メニューが表示される

絞り込み条件（検索項目）

保存した請求書を一覧で表示

電子取引データ保存の要件である「日付」「取引先」「金額」のうち2つの条件を組み合わせて（最低条件）検索できる

検索結果。クリックすると、保存された原本が表示される

39

タイムスタンプやクラウドストレージの代わりに事務処理規程での対応も可能

● コストをかけずに真実性の確保の要件を満たす

　電子取引データ保存は、真実性の確保が必要です。そのためには「タイムスタンプの付与」あるいは「訂正削除の記録が残るまたは訂正削除ができないシステムでデータの授受・保存を行う」のほかに、**「訂正や削除に関する事務処理規程を定めて運用する」方法でも要件を満たす**ことができます（P.22 参照）。

　事務処理規程とは、電子取引適用の範囲や管理責任者、対象となるデータ、訂正などの手順を定めたものです。**国税庁のウェブサイトに「電子取引データの訂正及び削除の防止に関する事務処理規程」のひな形**が個人事業者用と法人用に分けて用意されています（https://www.nta.go.jp/law/joho-zeikaishaku/sonota/jirei/0021006-031.htm）。こちらを叩き台に必要に応じて変更すれば、オリジナルの事務処理規程が簡単に作成できます。

　もちろん、独自に作成することもできます。従業員のいない個人事業者なら「①原則として、訂正や削除は行わないこと」「②どのような場合に訂正や削除を行うのか」の２点を明確にしておけば問題ありません。法人の場合は電子取引データを取り扱う部署や人が増えるため、運用体制の記入など書式が複雑になります。国税庁のひな形をベースに作成してからカスタマイズするとよいでしょう。

　いずれにしても、**個人事業者も法人も、訂正削除を行う場合の手続きの明確化、およびその記録を保存し、あとから確認できるようにしておく**ことが重要です。税務調査等の際に困らないように記録を残しましょう。

● 電子取引データの訂正及び削除の防止に関する事務処理規程 （法人用）の作成ポイント

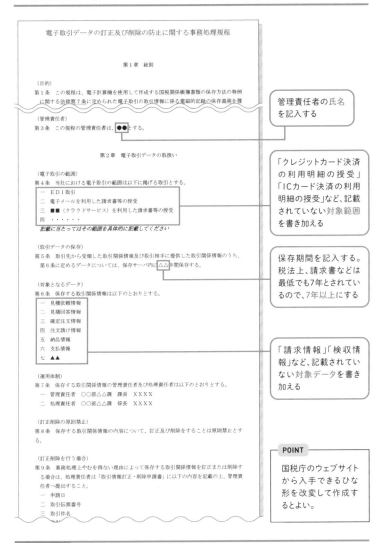

電子取引データの訂正及び削除の防止に関する事務処理規程

第1章　総則

（目的）
第1条　この規程は、電子計算機を使用して作成する国税関係帳簿書類の保存方法の特例に関する法律第7条に定められた電子取引の取引情報に係る電磁的記録の保存義務を履

（管理責任者）
第3条　この規程の管理責任者は、●●とする。

> 管理責任者の氏名を記入する

第2章　電子取引データの取扱い

（電子取引の範囲）
第4条　当社における電子取引の範囲は以下に掲げる取引とする。
　一　ＥＤＩ取引
　二　電子メールを利用した請求書等の授受
　三　■■（クラウドサービス）を利用した請求書等の授受
　四　・・・・・・
記載に当たってはその範囲を具体的に記載してください

> 「クレジットカード決済の利用明細の授受」「ICカード決済の利用明細の授受」など、記載されていない対象範囲を書き加える

（取引データの保存）
第5条　取引先から受領した取引関係情報及び取引相手に提供した取引関係情報のうち、第6条に定めるデータについては、保存サーバ内に△△年間保存する。

> 保存期間を記入する。税法上、請求書などは最低でも7年とされているので、7年以上にする

（対象となるデータ）
第6条　保存する取引関係情報は以下のとおりとする。
　一　見積依頼情報
　二　見積回答情報
　三　確定注文情報
　四　注文請け情報
　五　納品情報
　六　支払情報
　七　▲▲

> 「請求情報」「検収情報」など、記載されていない対象データを書き加える

（運用体制）
第7条　保存する取引関係情報の管理責任者及び処理責任者は以下のとおりとする。
　一　管理責任者　○○部△△課　課長　ＸＸＸＸ
　二　処理責任者　○○部△△課　係長　ＸＸＸＸ

（訂正削除の原則禁止）
第8条　保存する取引関係情報の内容について、訂正及び削除をすることは原則禁止とする。

（訂正削除を行う場合）
第9条　業務処理上やむを得ない理由によって保存する取引関係情報を訂正または削除する場合は、処理責任者は「取引情報訂正・削除申請書」に以下の内容を記載の上、管理責任者へ提出すること。
　一　申請日
　二　取引伝票番号
　三　取引件名

POINT

国税庁のウェブサイトから入手できるひな形を改変して作成するとよい。

まとめ
　□ 真実性の確保の方法として、事務処理規程の作成も可能
　□ 訂正や削除を行う場合の手続きを明確にし、記録を残す

メールへの添付による電子取引の注意点①

ファイル形式とメールの本文の
取り扱いについて

●メール本文の保存が必要な場合もある

　P.34 でお話ししたとおり、電子取引データを保存する際のファイル形式については電帳法上の定めはありません。したがって、**取引先から送られてきた電子取引データは、ファイル形式を変更せずにそのまま保存**します。

　一般的には PDF で送受信することが多いと思いますが、なかにはワードやエクセルで請求書などを作成してる事業者もいるでしょう。可能なら社内、取引先とも、PDF で統一するようにルール化しておくと管理をしやすくなります。

　請求書などを添付ファイルで受け取った際のメールの本文は、特に保存する必要はありません。ただし、**メールの本文に請求書や領収書の内容や、支払日の指定など該当書類に関係する内容が記載されているときは、メールの本文も電子取引データ保存の対象**になります。メーラーやブラウザの印刷機能からプリンターの種類や送信先を「PDF」とし、出力した PDF にして保存します。

　また、受け取った電子取引データは検索可能な状態にするため、各事業者の決めたルールに従って、ファイル名を変更する必要があります。

　その際、**タイムスタンプを付与済みのファイル**（P.22 参照）**の名前の変更**には注意が必要です。ファイル名の変更自体は行えますが、「内容の変更をしない」ことを厳守してください。また可能であれば「件名変更前と変更後の書類の関連がわかるように保存」するようにしましょう。

● 取引先とファイル形式を統一する

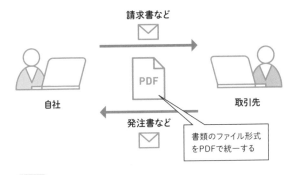

請求書など

PDF

自社　　　　　　　　　　　　　　取引先

発注書など

書類のファイル形式
をPDFで統一する

POINT

法律上、ファイル形式に規定はないが、請求書などはPDFを利用している
企業も多く、PDFで統一したほうが管理しやすくなる。

● タイムスタンプ付与後にファイル名を変更する場合

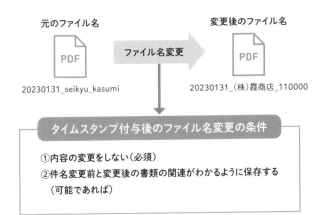

元のファイル名　　　　　　　　　　変更後のファイル名

PDF　　　ファイル名変更　　　PDF

20230131_seikyu_kasumi　　　　20230131_(株)霞商店_110000

タイムスタンプ付与後のファイル名変更の条件

①内容の変更をしない（必須）
②件名変更前と変更後の書類の関連がわかるように保存する
　（可能であれば）

まとめ　　□ 取引先や社内で添付ファイルの形式を統一すると便利
　　　　　□ タイムスタンプ付与後のファイル名変更ルールを守る

メールへの添付による電子取引の注意点②
PDFと紙の両方を
受け取ったときの処理

● 社内規定で電子データを正本と決めておく

　請求書を送付するときなどによくあるのが、**PDFなどの電子取引データをメールに添付して先に送り、あとから紙の書類を郵送**するパターンです。このように同一の書類を電子取引データと紙の両方で受け取った場合はどうすればよいでしょうか。

　社内規定などで「紙を正本として取り扱う」としているときは紙のまま、または紙をスキャナ保存の要件（P.69参照）に従って保存します。社内規定がないときは、電子取引データと紙のどちらか一方を保存すればよいことになっています。ただし、混乱を避けるため、新たに**「電子取引データを正本とする」という社内規定を設け、電子取引データ保存の要件に従って保存**するのがいいでしょう。

　また、書類自体の内容は電子取引データと紙で同一でも、メールの本文で書類の内容を補足している場合には、P.42で説明したとおり、メールの本文をPDF化するなどして、請求書のデータとの関連がわかる形で保存しておく必要があります。

　では、紙と電子データの内容が同一ではない場合はどうすればいいのでしょうか。たとえば、電子メールで送られてきた請求書に関してメール本文で補足されていた事項が、あとから郵送されてきた請求書に反映されていたようなケースです。このように**内容が同一でない場合は、紙と電子データの両方の保存が必要**になります。このときも、紙の書類を電子化する場合は、スキャナ保存の要件を満たしたうえで、電子データのファイルと同一の請求書の訂正版として関連付けて保存します。

● 紙と電子データの両方を受け取った場合の対応

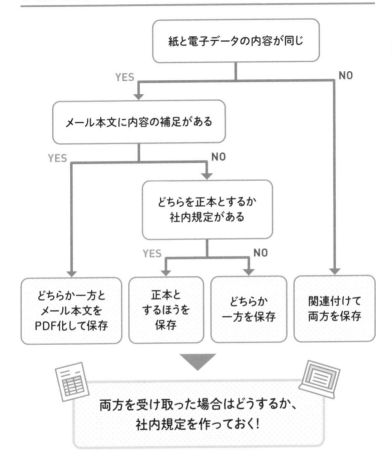

```
          ┌────────────────────────┐
          │  紙と電子データの内容が同じ  │
          └────────────────────────┘
     YES                          NO
```

両方を受け取った場合はどうするか、
社内規定を作っておく!

POINT

紙の書類を電子データ保存する場合、
スキャナ保存の要件(P.69参照)に従って保存すること

まとめ
□ 同じ内容の書類なら紙と電子取引データのどちらでも保存可
□ 内容が異なる場合は紙と電子取引データの両方の保存が必要

メールへの添付による電子取引の注意点③
スキャナ保存した電子データとは
区別する

● 該当する保存方法がわかるように社内ルールを作る

　請求書などの電子データを取引先から経理が直接受け取る場合は問題になりませんが、**他部署で受け取って経理に転送されてくる請求書などの電子データの取り扱い**には注意が必要です。取引先と書類のやり取りは PDF で行うことが決まっているケースで見てみましょう。

　他部署から転送されてきた PDF が取引先から送られてきた原本の PDF であれば、問題ありません。しかし、次のようなケースも考えられます。**他部署の社員が取引先から紙で受領し、それを社内でスキャンして PDF 化し、経理に送ってきたような場合**です。

　こうしたケースでは、経理側ではその PDF が原本なのか、スキャンしたものなのか、区別がつきません。電子取引データとして扱えるのは、はじめから電子データで授受したものに限られます。**他部署が取引先から紙で受け取ったのを社内で PDF 化した場合は、電子取引データ保存ではなく、スキャナ保存**の対象になります。Part4 で説明するスキャナ保存の要件（P.69 参照）を満たさなければなりません。

　このように、電子取引データ保存とスキャナ保存で区別せず、とにかく電子データにしておけばいいといった考えでいると、税務調査で要件を満たしていないことが判明し、ペナルティを科せられる可能性が出てきます。

　事務処理規程を策定するだけでなく、社内にルールの浸透・徹底させるのも、経理部門の大切な業務となります。

● PDFの見分けがつかないケース

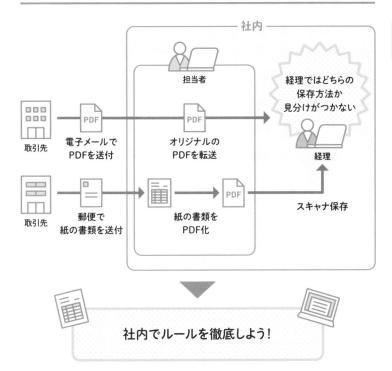

社内

取引先 — 電子メールで
PDFを送付

担当者
オリジナルの
PDFを転送

経理ではどちらの
保存方法か
見分けがつかない

経理

取引先 — 郵便で
紙の書類を送付

紙の書類を
PDF化

スキャナ保存

社内でルールを徹底しよう!

POINT

❶請求書などのデータはPDFで授受する
❷ルールに従った件名に変更
❸経理へ転送
❹紙で受け取った場合はスキャナ保存のルールに従う
　⇒クラウドで管理もしくはタイムスタンプを付与するなど

まとめ
　□ オリジナルか、社内でスキャンしたデータか、区別が必須
　□ 事前に社内でルールを徹底し、ミスを防ぐ

請求書に押印は必要か?

　請求書や契約書に押印がないと、正式な書類として認められないと思っている人は多いかもしれません。

　しかし、そもそも請求書の発行自体が法律で義務付けられているものではなく、請求金額を口頭で伝えても問題のないものです。同様に押印についても法律上の規定はなく、判がなくても書類の信用性を損なうことはありません。

　実際、新型コロナウイルス禍でリモートワークが推奨されていた時期に、押印のためだけに出社が必要になることなどがクローズアップされたこともあって、官公署に提出する書類などは、すでに多くが押印を廃止しています。

　ただ、一般企業では社内規定やこれまでの商習慣により、押印を廃止しているところはまだ少ないようです。言った言わないのトラブルを避けたり、税務調査時に取引の経緯を示せるようにしたりするためには有効ですし、印影があることで偽装の防止にも役立ちます。

　電子取引データに押印する方法としては、いったん紙に出力して押印し、スキャンして PDF 化する方法や、電子印鑑を活用する方法があります。認印としての電子印鑑は自分でも簡単に作成できます。一つ用意しておくと便利です（P.122 参照）。

　反対に請求書や契約書を受け取った際に、押印がないからといって改めて提出し直してもらう必要がないことを覚えておきましょう。押印がなくても、やり取りしたメールが残っているなど、受け取った日付や経緯を明らかにできれば、税務調査などの際も心配いりません。

Part

3

対応する会計ソフトで作成するだけ!

帳簿・書類など
電子帳簿等保存のルール

会計ソフトで作成した帳簿等の
保存は紙・電子データ・COMから選択

◉ 手書きの書類が混在すると電子データ化できない

　会計ソフトで作成した帳簿や自己が発行した書類は「紙に印刷して保存」「電子データのまま保存」「COM（マイクロフィルム）に出力して保存」のいずれか一つを選択できます。

　このうち電子データ及び COM で保存するときの要件を定めたのが、電帳法の3つの保存方法（P.18 参照）のうちの**電子帳簿等保存**です。仕訳帳や総勘定元帳など所得税法・法人税法等で保存が義務付けられている国税関係帳簿(以下、帳簿)のほか、貸借対照表や損益計算書などの決算関係書類、請求書や領収書、契約書などの取引関係書類(以下、書類)のうち、自己が発行したものが対象となります。

　加えて、**自己が最初から一貫してパソコンなどで作成**していることが要件になっています。たとえば、**一部に手書きのものがあり、パソコンなどで作成した帳簿等と混在している場合は電子データによる保存は不可**です。すべて紙で保存します。

　そのため、書類の電子データ化は課税期間の途中からでも行えますが、帳簿の電子データ化への切り替えは原則新たな課税期間からになります（個人事業主であれば1月1日から）。ただし、年の途中で個人が起業する場合はその時点から電子帳簿等保存を始められます。開始にあたって、届出などの手続きは不要です。

　なお、保存媒体についての指定はありません。自己のパソコンでも、社内のサーバーでも、外部のクラウドストレージでもかまいません。ただし、優良な電子帳簿（P.28 参照）とするためには、そのほかにも満たさなければならない要件があります（P.54 参照）。

● 電子帳簿等保存の対象

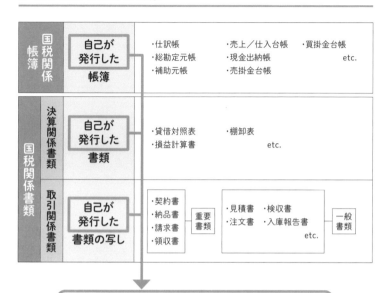

| 国税関係帳簿 | | 自己が発行した帳簿 | ・仕訳帳
・総勘定元帳
・補助元帳 | ・売上/仕入台帳
・現金出納帳
・売掛金台帳 | ・買掛金台帳
etc. |

国税関係書類	決算関係書類	自己が発行した書類	・貸借対照表 ・損益計算書	・棚卸表 etc.		
	取引関係書類	自己が発行した書類の写し	・契約書 ・納品書 ・請求書 ・領収書	重要書類	・見積書　・検収書 ・注文書　・入庫報告書 etc.	一般書類

国税関係帳簿及び自己が発行した国税関係書類で、
「一貫してパソコンなどで作成しているもの」が対象

● 手書きで作成した帳簿や書類が混在している場合、保存方法は紙に限定

● 電子帳簿等保存の開始にあたって、届出・承認などの手続きは不要※
※P.54参照

まとめ

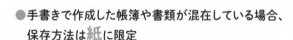

□ 手書きの帳簿などが混在していると電子データでの保存は不可
□ 電子帳簿への切り替えは新たな課税期間から開始

Part
3

帳簿・書類など電子帳簿等保存のルール

電子帳簿等保存を行うのに
必要な3つの要件

● パソコンとマニュアルを準備すればOK

　電子帳簿等保存に対応する帳簿は**青色申告に必要な"複式簿記"の帳簿であること**が大前提です。要件については、優良な電子帳簿かそれ以外かで要件が異なります（右上表参照）。また、書類については最低でも次の3つの要件を満たしている必要があります。

　1つ目は**システムのマニュアルなどの備え付け**です。独自の会計システムを構築している場合は、システム全体の構成やデータの処理過程がわかる書類のほか、システムの操作マニュアルが必要です。

　市販の会計ソフトを使っている場合はソフトのマニュアルでかまいません（オンラインマニュアルも可）。ただし、税理士などに帳簿の作成を依頼している場合は通常不要です。このほか独自システムでも、会計ソフトでも、事務処理規程（P.40参照）は必要です。

　2つ目は**可視性の確保**です。帳簿等のデータを保存する場所にパソコンやディスプレイ、プリンターなどを用意し、速やかに画面への表示や、紙への出力ができなければなりません。これら機器の操作説明書の備え付けも必要になります。また、税理士などの外部委託先に会計処理を依頼していて、データの保存場所が社内のサーバー以外の場合は、外部委託先とクラウドストレージなどを共有し、帳簿データを速やかに表示できるようにしておきます。

　3つ目は税務調査の際に**ダウンロードの求めに応じられる**ことです。この要件を満たしていると、優良な電子帳簿に必要な検索機能の要件も一部不要になります（P.54参照）。

● 電子帳簿等保存の要件

要件	帳簿		書類
	優良	優良以外	
システムのマニュアルなどの備え付け	○	○	○
可視性の確保	○	○	○
ダウンロードの求めに応じられる	—※1	○※2	○※3
訂正・削除・追加を行った場合の内容を確認できる	○	—	—
帳簿間での相互関連性の確保	○	—	—
検索機能の確保	○※1	—	—※3

※1 ダウンロードの求めに応じられる場合は検索機能の要件が一部不要になる
※2 優良な電子帳簿の要件をすべて満たしている場合は、ダウンロードの求めに応じられる要件は不要
※3 検索機能の確保ができている場合は、ダウンロードの求めに応じられる要件は不要

● 備え付けが必要なシステムのマニュアルなど

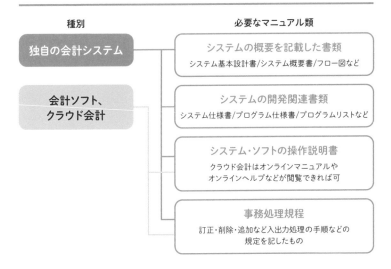

種別

独自の会計システム

会計ソフト、クラウド会計

必要なマニュアル類

システムの概要を記載した書類
システム基本設計書/システム概要書/フロー図など

システムの開発関連書類
システム仕様書/プログラム仕様書/プログラムリストなど

システム・ソフトの操作説明書
クラウド会計はオンラインマニュアルやオンラインヘルプなどが閲覧できれば可

事務処理規程
訂正・削除・追加など入出力処理の手順などの規定を記したもの

まとめ
□ 市販の会計ソフトならマニュアルを準備すればよい
□ データが外部にある場合はクラウドストレージで共有

優良な電子帳簿には
2つの優遇措置がある

● 過少申告加算税が5％軽減される

　P.52で説明した「システムのマニュアルなどの備え付け」「可視性の確保」の要件に加えて、P.53の表にある「①**訂正・削除・追加を行った場合の内容を確認できる**」「②**帳簿間での相互関連性の確保**」「③**検索機能の確保**」の3つの要件をクリアすると、**優良な電子帳簿**と認められます。

　①は不正防止のための要件です。②は同一取引における書類・帳簿等――たとえば、売上伝票、売上帳、総勘定元帳――の間で、相互の関連性がわかるようにしておくものです。①、②とも**JIIMA認証を受けた会計システム・ソフト**（P.56参照）を利用すれば、自動的に要件を満たすことになります。

　③は「日付、取引金額、取引先を条件として検索できる」「日付または金額については範囲指定して検索できる」「2つ以上の任意の記録項目を組み合わせて検索（AND検索）できる」ことが原則必要ですが、P.36で触れたように、電子帳簿等をダウンロードの求めに応じて提示できる場合は、1つ目の「日付、取引金額、取引先」を条件として検索できればいいことになっています。

　優良な電子帳簿は、申告税額に不足があった場合に科される**過少申告加算税が5％軽減**されるほか、個人事業主においては**青色申告特別控除額**が通常の**55万円から65万円に増額**されます。

　なお、これらの**優遇措置を受けるには、事前に税務署へ各特例適用届出書を提出**する必要があります。届出の期限は適用を受ける課税期間の法定申告期限までです。

▶ 帳簿や書類間の関連性

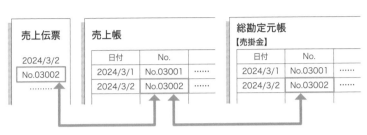

売上伝票

2024/3/2
No.03002
....

売上帳

日付	No.	……
2024/3/1	No.03001	……
2024/3/2	No.03002	……

総勘定元帳
【売掛金】

日付	No.	……
2024/3/1	No.03001	……
2024/3/2	No.03002	……

伝票番号を起点に統一するなどして帳簿等の間に関連性を持たせる

▶「優良な電子帳簿」に対する優遇措置

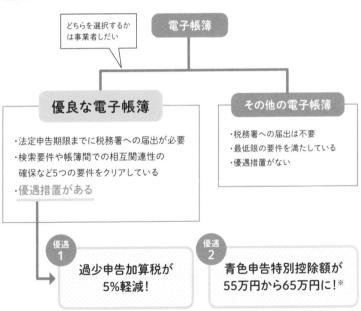

どちらを選択するか
は事業者しだい

電子帳簿

優良な電子帳簿

・法定申告期限までに税務署への届出が必要
・検索要件や帳簿間での相互関連性の
　確保など5つの要件をクリアしている
・優遇措置がある

その他の電子帳簿

・税務署への届出は不要
・最低限の要件を満たしている
・優遇措置がない

優遇
1
**過少申告加算税が
5%軽減!**

優遇
2
**青色申告特別控除額が
55万円から65万円に!※**

※優良な電子帳簿でなくても、e-Taxによる電子申告の場合、控除額は65万円

まとめ
□ JIIMA認証の会計ソフトは優良な電子帳簿の要件を満たしている
□ 優遇措置を受けるためには事前に税務署への届出が必要

会計ソフトの選択ポイント①

電子化の目的によって
JIIMA認証の種類を確認する

● 電子化の目的に沿った認証ソフトを選ぶ

　前項でも触れたように、電帳法の各保存方法に対応しているソフトは、公益社団法人日本文書情報マネジメント協会（JIIMA）による認証（JIIMA認証）を受けています。JIIMA認証は**①電子帳簿ソフト法的要件認証（2パターン）、②電子書類ソフト法的要件認証（3パターン）、③電帳法スキャナ保存ソフト法的要件認証、④電子取引ソフト法的要件認証**の大きく4つに分かれています（そのほか「アーカイブ用光ディスク認証」あり）。電帳法の3つの保存方法と名称が異なるため、右ページで対応関係を確認しましょう。

　現段階ですべての認証を備える会計ソフトは少ないため、**どの範囲まで電子化するかを決めて、それぞれの認証を取得したソフトを組み合わせて電子化を進める**ことになります。

　具体的には、電子取引データ保存の要件を満たすならJIIMAの"電子取引ソフト法的要件認証"を受けたマネーフォワードクラウドBoxなどのサービスを利用すれば、クラウドにデータをアップロードするだけで電帳法に対応した状態で保存が可能です。さらにこのサービスと連携できて、"電子書類ソフト法的要因認証パターン2または3"を受けた請求書作成ソフトを選べば、作成した請求書は自動的に電帳法の要件を満たしたクラウドスペースで保存されることになります。

　インストール型のソフトならパッケージにJIIMAの認証マークが表示されていますし、JIIMAのウェブサイトにはクラウド型も含めたソフトの一覧が掲載されているので選択の参考にしましょう。

● JIIMA認証の種類

JIIMA認証は下記のように細分化されているため、電帳法にどこまで対応しているかは、どのJIIMA認証を取得しているかの確認が必要。

電子帳簿ソフト法的要件認証	電帳法の定める国税関係帳簿の作成・保存要件を満たしている
電子書類ソフト法的要件認証	電帳法の定める電子取引データを紙で発行した場合の控え等の保存要件を満たしている
電帳法スキャナ保存ソフト法的要件認証	電帳法の定めるスキャナ保存の要件を満たしている
電子取引ソフト法的要件認証	電帳法の定める電子取引データを授受した場合の保存要件を満たしている
アーカイブ用光ディスク認証	アーカイブ用光ディスク製品の品質の高さを認証するもの。高品質な光ディスクによる長期保存が期待できる

JIIMAのウェブサイト(https://www.jiima.or.jp/)のメニュー「JIIMA認証制度」を選択し、上記の各カテゴリーにアクセスすると、認証商品を確認できる

● 電帳法の保存区分と対応するJIIMA認証

電帳法の保存区分	対象帳簿・書類			JIIMA認証
電子帳簿等保存	国税関係帳簿		作成・保存	電子帳簿ソフト法的要件認証パターン1
			保存	電子帳簿ソフト法的要件認証パターン2
	国税関係帳簿	決算関係書類	作成・保存	電子書類ソフト法的要件認証パターン1
		取引関係書類	作成・保存	電子書類ソフト法的要件認証パターン2
			作成	電子書類ソフト法的要件認証パターン3
スキャナ保存			保存	電帳法スキャナ保存ソフト法的要件認証
電子取引データ保存	電子メール、EDI取引など			電子取引ソフト法的要件認証

まとめ
- [ ] 電帳法の保存区分とJIIMA認証の種類にはズレがあるので要注意
- [ ] JIIMA認証を取得したソフトを組み合わせて利用する

会計ソフトの選択ポイント②

連携できる機能や
スキャナ保存への対応もチェック

● 電帳法のすべての要件を満たしているとは限らない

　P.20でも説明したように、会計ソフトにはインストール型とクラウド型の2つのタイプがあります。シェアとしては歴史のあるインストール型のほうがまだ優勢ですが、これから選んだり乗り換えたりするのなら、クラウド型がおすすめです。

　会計ソフトの具体的な選び方ですが、まずJIIMA認証を受けていることが大前提です。**電帳法対応の会計ソフトでも、優良な電子帳簿に対応しているとは限らない**ので注意が必要です。

　次に確認が必要なのは**対応している書類の範囲**です。帳簿だけを対象とするソフトもあれば、オプション連携するなどして請求書管理や経費精算、給与計算などをまとめて取り扱えるものもあります。たとえば、銀行振込の請求書などを登録すれば、仕訳が完成し、インターネットバンキングからの振込まで行えるといった具合です。

　また、電子帳簿等保存の対象となる帳簿や書類だけでなく、Part4で説明する**スキャナ保存などの要件を満たす**かも確認しましょう。その際、クラウド型の会計ソフトならほぼ対応していますが、**OCR機能の有無**も確認します。OCRは「Optical Character Recognition」の略で、紙に印刷された文字などを読み取ってデータに変換する機能のことをいいます。検索性を保つには、取引先名や日付などを書類ごとに入力しなければなりません。また、インボイス制度では登録事業者かどうかの確認が必要になるのに加えて、仕訳も細分化されます。OCR機能が付いていれば、こうした作業を自動で行えます。業務の効率化には欠かせません。

◉ 会計ソフトの利用形態とクラウド会計ソフトの利用率の推移（個人事業主）

●会計ソフトの利用形態

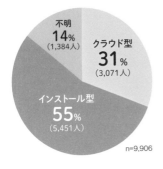

不明
14%
(1,384人)

クラウド型
31%
(3,071人)

インストール型
55%
(5,451人)

n=9,906

●会計ソフトに占めるクラウド会計ソフトの利用率の推移

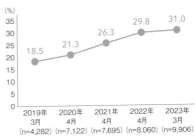

(%)

	2019年3月	2020年4月	2021年4月	2022年4月	2023年3月
	18.5	21.3	26.3	29.8	31.0
	(n=4,282)	(n=7,122)	(n=7,695)	(n=8,060)	(n=9,906)

出典：MM総研「クラウド会計ソフトの利用状況調査（2023年3月末）」より作成

◉ OCR機能による効率化

スキャナやスマホ撮影で
書類や領収書をデータ化

PDFや写真データをドラッグ＆ドロップ
もしくはアップロード

クラウド会計ソフト+OCRの利用メリット

● 入力作業などにかかる人件費を削減
● 経費精算などがリモートでも可能に
● 検索性の確保も容易に

まとめ ☐ 電子帳簿等保存だけでなく、請求書発行や経費精算ソフトとの連携、スキャナ保存などに、会計ソフトが対応可能かを確認

画面でわかる！
電子帳簿等保存対応ソフト

●「マネーフォワード クラウド会計」の画面

電子帳簿等保存対応ソフトに直接該当するのは、いわゆる会計ソフトの部分。会計ソフトを中心に複数のソフトと連携して、経理全般また電子取引データ保存やスキャナ保存へ対応している。

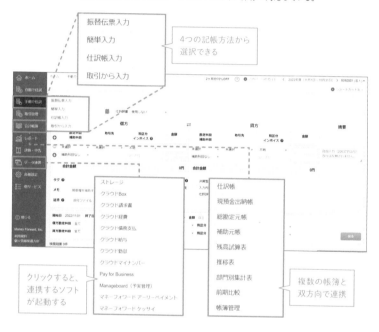

振替伝票入力
簡単入力
仕訳帳入力
取引から入力

4つの記帳方法から選択できる

クリックすると、連携するソフトが起動する

ストレージ
クラウドBox
クラウド請求書
クラウド経費
クラウド債務支払
クラウド給与
クラウド勤怠
クラウドマイナンバー
Pay for Business
Manageboard（予実管理）
マネーフォワード アーリーペイメント
マネーフォワード ケッサイ

仕訳帳
現預金出納帳
総勘定元帳
補助元帳
残高試算表
推移表
部門別集計表
前期比較
帳簿管理

複数の帳簿と双方向で連携

●初期設定画面

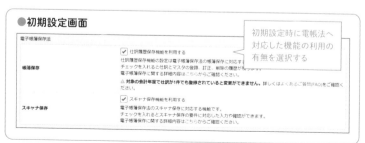

初期設定時に電帳法へ対応した機能の利用の有無を選択する

電子帳簿保存法

帳簿保存
✓ 仕訳履歴保存機能を利用する
仕訳履歴保存機能の設定は電子帳簿保存法の帳簿保存に対応す
チェックを入れると仕訳とマスタの登録、訂正、削除の履歴が
電子帳簿保存に関する詳細内容はこちらからご確認ください。
⚠ 対象の会計年度で仕訳が1件でも登録されていると変更ができません。詳しくはよくあるご質問(FAQ)をご確認ください。

スキャナ保存
✓ スキャナ保存機能を利用する
電子帳簿保存法のスキャナ保存に対応する機能です。
チェックを入れるとスキャナ保存の要件に対応した入力や確認ができます。
電子帳簿保存に関する詳細内容はこちらからご確認ください。

●電帳法との関係

マネーフォワード クラウド会計の「スモールビジネス」プランと「ビジネス」プランでは、下表のように11のサービスがセットで提供される（プランによって受けられる各サービスの範囲は異なる）。
P.32で触れたとおり、マネーフォワードだけでなく、各ソフトで電帳法への対応状況が異なるため、各ソフトを単独で契約する場合は組み合わせに注意！

2023年5月現在

電帳法への対応		電子帳簿等保存	スキャナ保存	電子取引データ保存
経理財務	クラウド会計	スモールビジネス：✕ ビジネス：○	○	○
	クラウド請求書	○	―	✕※
	クラウド経費	無関係	○	○
	クラウド債務支払	―	○	○
ストレージ	クラウドBox	―	―	○
電子契約	クラウド契約	―	―	○
経理関係以外（人事労務ソフト）	クラウド勤怠	―	―	―
	クラウド給与	―	―	―
	クラウド年末調整	―	―	―
	クラウド社会保険	―	―	―
	クラウドマイナンバー	―	―	―

※クラウドBoxに保存することで電帳法へも対応

会計ソフトの選択ポイント③

銀行口座やクレジットカードなど
金融サービスとの連携をチェック

● 取引明細を自動入力して業務を効率化

　クラウド型の会計ソフトならではの特徴として、金融機関との連携があります。

　会計ソフトに銀行口座やクレジットカードを連携させておくと、月に1度もしくは2度程度の頻度で自動的に取引明細を取得できます。最初に仕訳や勘定科目の設定をしておけば、**取り込んだ取引明細が自動で仕訳**されます。

　そのため、経理担当者はゼロから入力する手間が省略され、入力ミスが減ります。自動仕訳の内容に誤りがないか、確認作業だけで済むため、業務の効率化が図れます。さらに、AI搭載の会計ソフトでは、入力された仕訳をソフトが自動学習していくため、使っていけばいくほど仕訳の精度が向上していきます。

　また、近年はキャッシュレス決済を利用する割合が増えています。出張や移動などで利用することの多い交通系ICカードや電子マネーと連携できる会計ソフトを選べば、経費精算における入力ミスや申請漏れを防ぐことができます。経費精算の申請者との書類のやり取りも減るため、経理の負担は軽くなります。

　注意したいのは、**会計ソフトによって連携可能な金融機関や金融サービスが異なる**ことです。たとえば、2023年5月現在、クラウド会計ソフト「freee会計」は、楽天銀行とは連携していません。freee会計に読み込むためには、楽天銀行から手動で明細をCSVファイル形式でダウンロード（エクスポート）し、freeeにアップロード（インポート）する必要があります。

● 会計ソフトと金融機関やクレジットカードとの連携

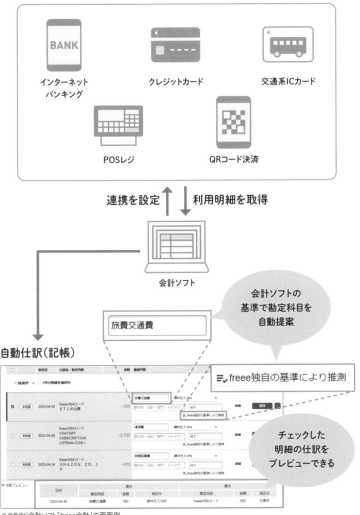

※クラウド会計ソフト「freee会計」の画面例

まとめ

□ クラウド型なら銀行口座などと連携して取引明細の自動入力が可能

□ すべての金融機関と連携しているわけではないので注意

会計ソフトの選択ポイント④
最低でも7年間は
継続利用することを前提にする

● 旧会計ソフトのデータ維持にもコストがかかる

　会計ソフトとしてインストール型より後発になるクラウド型会計ソフトの多くは、ほかの会計ソフトからの乗り換えを想定して設計されているため、会計データの移行はそれほど難しくはありません。乗り換え先の会計ソフトから現在の会計ソフトのファイルを直接指定して読み込み、移行（インポート）できるケースもあります。

　電帳法に対応する目的で会計ソフトを乗り換える場合は**課税期間が切り替わるタイミング**で行います（P.50参照）。仮に手動で移行する場合でも、会計ソフトのガイドに沿って決算後の残高や固定資産など限られた会計データだけを入力すれば済むので、そう難しくはないでしょう。

　一つ問題なのは、過去の帳簿や書類の管理です。法人税法で当該事業年度の確定申告書の提出期限の翌日から7年間（繰越欠損金がある場合は最長10年間）は保存が義務付けられています。過去の帳簿などを紙で保存している場合は会計ソフトを乗り換えてもそのまま紙を保存しておけば済みますが、**電子帳簿等（電子データ）として保存している場合、最低7年間は乗り換え前の会計ソフトも利用できる環境を維持し、閲覧できる**ようにしておかなければなりません。その間、ソフトのアップデートも必要ですし、クラウド型の場合は継続して使用料も発生します。

　会計ソフトの移行や新たな導入にあたっては、同じ会計ソフトを利用し続けるつもりで選ぶ必要があります。できれば**導入前に試用期間**を設け、ユーザーインターフェースなども確認しましょう。

● 会計ソフト乗り換え後の過去帳簿・書類の管理

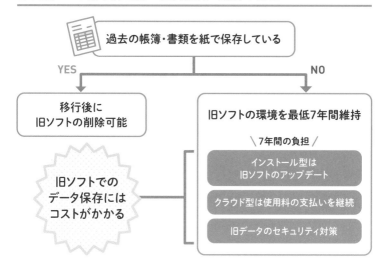

過去の帳簿・書類を紙で保存している

YES

移行後に
旧ソフトの削除可能

NO

旧ソフトの環境を最低7年間維持

＼7年間の負担／

インストール型は
旧ソフトのアップデート

クラウド型は使用料の支払いを継続

旧データのセキュリティ対策

旧ソフトでの
データ保存には
コストがかかる

● 正式導入の前に試用期間を設ける

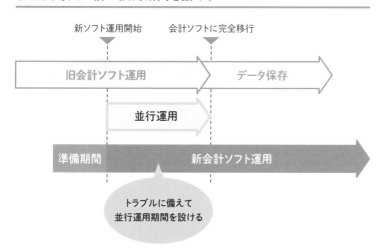

新ソフト運用開始　　会計ソフトに完全移行

旧会計ソフト運用

データ保存

並行運用

準備期間

新会計ソフト運用

トラブルに備えて
並行運用期間を設ける

まとめ　□ 新ソフトに移行しても過去のデータは7年間保存が必要

□ 旧会計ソフトの維持に必要なコストも見積もる

インターネットバンキングはゆうちょ銀行がおすすめ

　本文でも触れたとおり、経理の DX を進めるのなら、会計ソフトとインターネットバンキングの連携は必須です。連携させておけば、取引明細が自動で読み込まれて、おおむね仕訳作業を終わらせることができます。売掛金や給与の振り込みもシステム上でデータを読み取って、インターネットバンキング経由でスムーズに手続きを行うことが可能になります。

　インターネットバンキングについては、どこを利用しても機能的な差はほとんどありません。違いがあるとすれば、法人の場合、多くの金融機関で毎月基本料がかかることと、1 件あたりの振込手数料です。

　基本料や振込手数料が安いのは、ネット専用銀行です。ただし、連携の取れない会計ソフトがあったり、e-Tax などでは利用できなかったりするものが多いので、慎重に確認する必要があります。

　そんななかでバランスのいいのが、ゆうちょ銀行のインターネットバンキングサービス「ゆうちょ Biz ダイレクト」（スタンダードプラン）です。開設時に初期契約料として 5,500 円かかりますが、月額利用料は 550 円と安めの設定。1 件あたりの振込手数料もゆうちょ銀行宛て 39～66 円（年間の振込み件数によって変動）、他行あて 165 円（ネット専用銀行レベル）とかなり抑えた設定になっています。e-Tax などにも対応しています。

　都市銀行の場合、初期契約料はかからないところが多数を占めますが、月額利用料は 2,200～3,300 円前後、振込手数料は振込金額や同行か他行宛てかで異なりますが、220～660 円前後となっています。

Part

4

入力期間の制限に注意！

紙で授受した
請求書・領収書などの
スキャナ保存のルール

紙で発行・受領した書類はスキャン もしくは写真データで保存する

● スキャナ保存の対象は"紙で授受"がポイント

　この Part では、電帳法の対象となる 3 つの保存方法（P.18 参照）のうち、"スキャナ保存"のルールについて説明します。

　国税関係書類のうち請求書や領収書など取引関係の書類（P.15 参照）を、郵送や手渡しによって「紙」で授受（発行または受領）した場合は「**①そのまま「紙」で保存する**」「**②紙の書類をスキャンや撮影するなどして電子データとして保存する**」のどちらかを選びます（①②とも発行した場合はその控えを保存します）。

　スキャナ保存とは「②」のことで、真実性の確保や可視性の確保（P.18 参照）の面からいくつかの要件が決められています。

　紛らわしいのは、同じ請求書や領収書でも PDF などにしてメールに添付して授受したときはスキャナ保存の対象にはならないことです。実際に紙で授受したわけではないため、Part2 の**電子取引データ保存**のルールに従います。

　また、仕訳帳や総勘定元帳などの帳簿、貸借対照表や損益計算書などの決算関係書類は通常、取引先などと授受することがありません。そのため、スキャナ保存ではなく、こちらは Part3 で説明した**電子帳簿等保存**のルールに従います。

　スキャナ保存は経費精算の領収書なども対象になるため、経理部門の担当者だけでスキャンするのは難しい事業者もいます。領収書などのスキャンを各従業員に任せるシステムとするなら、ルールの徹底が不可欠です。**2024 年 1 月 1 日からスキャナ保存の要件も緩和**されます。社内への周知に努めましょう。

● スキャナ保存の対象となる書類

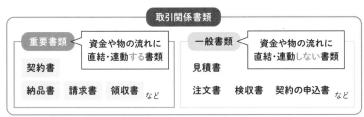

取引関係書類

重要書類 → 資金や物の流れに直結・連動する書類

契約書

納品書　請求書　領収書　など

一般書類 → 資金や物の流れに直結・連動しない書類

見積書

注文書　検収書　契約の申込書　など

Part 4

> **POINT**
>
> 帳簿と決算関係書類はスキャナ保存の対象外!

● スキャナ保存の要件

要件	2023年12月31日まで		2024年1月1日以降		
	重要書類	一般書類	重要書類	一般書類	
入力期間の制限	あり	—	あり	—	P.72 参照
タイムスタンプの付与もしくはバージョン管理	あり	あり	あり	あり	P.74 参照
機器の解像度やカラーの規定	あり（カラー）	あり（グレースケール可）	あり（カラー）	あり（グレースケール可）	P.76 参照
読み取り時の解像度、階調、大きさ情報の確認	あり	あり	あり	あり	
解像度、階調情報の保存	あり	あり	—	—	
大きさ情報の保存	あり	—	—	—	
帳簿との相互関連性の保持	あり	あり	あり	あり	P.80 参照
検索機能の確保	あり	あり	あり	あり	P.74 参照
入力者等情報の確認	あり	あり	—	—	P.78 参照

重要書類
資金や物の流れに直結・連動する書類

一般書類
資金や物の流れに直結・連動しない書類

まとめ

☐ 紙で授受した書類を電子化するのがスキャナ保存

☐ 2024年1月から要件が緩和される

画面でわかる!
スキャナ保存対応ソフト

●「freee会計」の画面例

freee会計では、スキャナ保存及び電子取引データ保存の機能はfreee会計の標準機能として装備されている。メニューから[取引]→[ファイルボックス]をクリックすると、スキャナ保存の画面が開く。

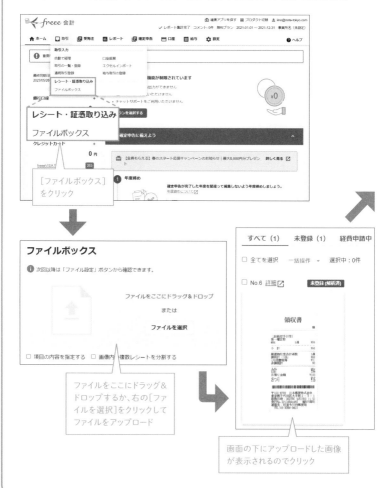

[ファイルボックス]
をクリック

ファイルボックス

ⓘ 次回以降は「ファイル設定」ボタンから確認できます。

ファイルをここにドラッグ＆ドロップ

または

ファイルを選択

☐ 項目の内容を指定する ☐ 画像内、複数レシートを分割する

ファイルをここにドラッグ＆ドロップするか、右の[ファイルを選択]をクリックしてファイルをアップロード

すべて（1） 未登録（1） 経費申請中

☐ 全てを選択 一括操作 ▾ 選択中：0件

☐ No.6 詳細 ☑ 　未登録（解析済）

領収書

画面の下にアップロードした画像が表示されるのでクリック

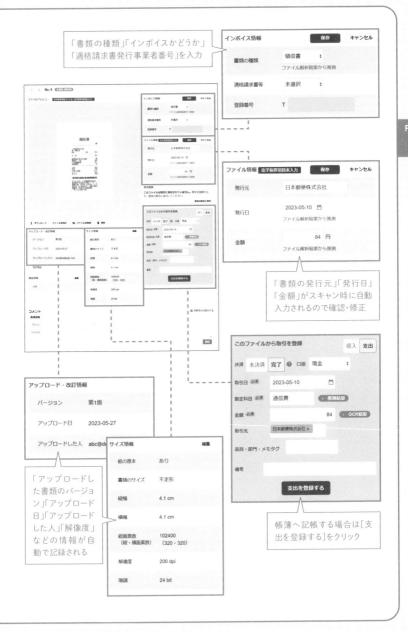

「書類の種類」「インボイスかどうか」「適格請求書発行事業者番号」を入力

「書類の発行元」「発行日」「金額」がスキャン時に自動入力されるので確認・修正

「アップロードした書類のバージョン」「アップロード日」「アップロードした人」「解像度」などの情報が自動で記録される

帳簿へ記帳する場合は[支出を登録する]をクリック

スキャナ保存のルール①

スキャナ保存はいつまでに行う?

——重要書類は「2カ月＋7営業日」以内

● 重要書類と一般書類でルールが異なる

　紙で受け取った**請求書などの重要書類**（P.69参照）**のスキャナ保存**については「**入力期間の制限**」があります。書類を受け取ってからタイムスタンプ付与までの間に原本が改ざんされてしまわないように、スキャンなどによって電子データ化し、タイムスタンプを付与するなどの期限が決められています。

　この入力期間の期限には、「**速やかに**」と「**業務サイクル期間後速やかに（以下、業務サイクル期間）**」の2つがあり、事業者が自ら選択します。

　「速やかに」を選択した場合は書類を受け取ってからおおむね**7営業日以内**、「業務サイクル期間」を選択した場合は**その業務に係る通常の期間（最長2カ月）＋おおむね7営業日以内**にスキャナ保存およびタイムスタンプの付与などを済ませなければなりません。

　また、業務サイクル期間を選択するには、責任者や入力の順序、方法などを事務処理規程で定める必要があります。入力業務をアウトソーシングする場合も同様に、発注などの手続きを定めた事務処理規程が必要です。

　万が一、**入力期間が過ぎてしまったときは、紙とスキャンしたデータの両方の保存**が必要です。災害などのやむを得ない事情があるときを除き、入力期間を過ぎてからのスキャナ保存は認められません。

　前述のとおり、入力期間の制限があるのは重要書類のみです。見積書などの一般書類には制限はありません。適時もしくは業務サイクル期間にタイムスタンプを付与すればよいとされています。

● 入力期間の種類

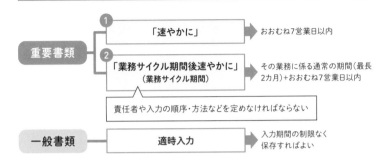

重要書類

1. 「速やかに」 → おおむね7営業日以内
2. 「業務サイクル期間後速やかに」（業務サイクル期間） → その業務に係る通常の期間（最長2カ月）+おおむね7営業日以内

責任者や入力の順序・方法などを定めなければならない

一般書類

適時入力 → 入力期間の制限なく保存すればよい

● 「速やかに」と「業務サイクル期間後速やかに」の期限例

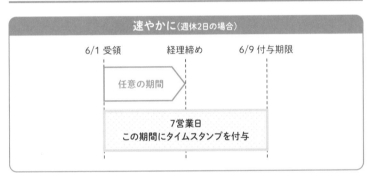

速やかに（週休2日の場合）

6/1 受領 ｜ 経理締め ｜ 6/9 付与期限

任意の期間

7営業日
この期間にタイムスタンプを付与

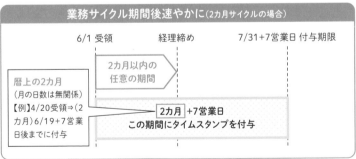

業務サイクル期間後速やかに（2カ月サイクルの場合）

6/1 受領 ｜ 経理締め ｜ 7/31+7営業日 付与期限

2カ月以内の任意の期間

暦上の2カ月
（月の日数は無関係）
【例】4/20受領⇒（2カ月）6/19+7営業日後までに付与

2カ月 +7営業日
この期間にタイムスタンプを付与

まとめ

□ 業務サイクル期間を選択した場合は事務処理規程が必要

□ 入力期限が過ぎてしまったときは"紙"で保存

スキャナ保存のルール②
真実性の確保の方法は?
——タイムスタンプか、履歴を確認できるシステムを利用

● JIIMA認証の会計ソフトを利用するのがベスト

　スキャナ保存の「真実性の確保」には、大きく2つの方法があります。一つはタイムスタンプの付与です。ただし、時刻認証業務認定事業者（TSA）によっては、初期費用や月額利用料が高額なところもあります。

　そのため、小規模事業者は **JIIMA 認証のある会計ソフト**（P.56参照）を利用するのが一般的です。会計ソフトに付随したクラウドサービスやシステムにスキャンデータをアップすると、自動的にタイムスタンプ付与と同等のサービスを受けられます。

　もう一つの方法は、**スキャナ保存された書類の訂正や削除を行った場合に修正履歴を確認できるシステムの利用、もしくは訂正や削除ができないシステム**を利用するものです。OneDrive、Box、Dropbox など一般的なクラウドストレージでも、保存すると自動的にバージョン履歴（変更履歴）が残るものであれば、訂正・削除に関する事務処理規程（P.40 参照）を備え付けることで利用可能です。

　OneDrive を例にとると、保存したファイルを右クリックして「バージョン履歴」を選択すると履歴が表示され、過去のファイルをダウンロードできます。これにより改ざんの有無を証明できます。ただし、ファイルの削除履歴は残らないため、前述のとおり、事務処理規程が必要になります。

　なお、検索機能の確保については、電子取引データ保存と同様に「日付」「金額」「取引先」の3つを検索条件とし、このうち2つ以上を組み合わせて検索できるようにしておく必要があります。

◆ 電子書籍・雑誌を読んでみよう!

| 技術評論社　GDP | 検索 |

 で検索、もしくは左のQRコード・下の URLからアクセスできます。

https://gihyo.jp/dp

1 アカウントを登録後、ログインします。
【外部サービス(Google、Facebook、Yahoo!JAPAN) でもログイン可能】

2 ラインナップは入門書から専門書、趣味書まで 3,500点以上!

3 購入したい書籍を 🛒カート に入れます。

4 お支払いは「**PayPal**」にて決済します。

5 さあ、電子書籍の読書スタートです!

電脳会議

紙面版

新規送付の
お申し込みは…

● スキャナ保存での「真実性の確保」の方法

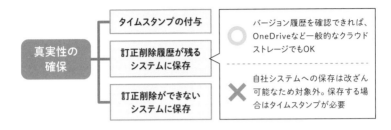

真実性の確保
- タイムスタンプの付与
- 訂正削除履歴が残るシステムに保存
- 訂正削除ができないシステムに保存

○ バージョン履歴を確認できれば、OneDriveなど一般的なクラウドストレージでもOK

✕ 自社システムへの保存は改ざん可能なため対象外。保存する場合はタイムスタンプが必要

● バージョン履歴の保存方法

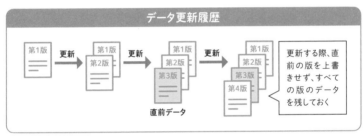

データ更新履歴

第1版 → 更新 → 第1版・第2版 → 更新 → 第1版・第2版・第3版（直前データ） → 更新 → 第1版・第2版・第3版・第4版

更新する際、直前の版を上書きせず、すべての版のデータを残しておく

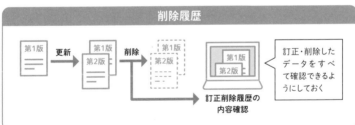

削除履歴

第1版 → 更新 → 第1版・第2版 → 削除 → 第1版・第2版 → 訂正削除履歴の内容確認（第1版・第2版）

訂正・削除したデータをすべて確認できるようにしておく

POINT

- ●訂正・削除する場合はすでに保存されている最も新しいバージョンの電子データで行う。古いバージョンの電子データをベースにしたり、新規にゼロから作成し直したりするのはNG
- ●すべてのバージョンの訂正・削除前の内容を確認できるようにしておく
- ●削除したデータについても検索できるようにしておく

まとめ

☐ JIIMA認証の会計ソフトならタイムスタンプを付与できる

☐ クラウドストレージでもバージョン履歴の管理は可能

スキャナ保存のルール③
解像度やカラー、大きさなどの規定は?
――2024年1月1日以降は情報の保存が不要に

> ● **2023年中は解像度などの情報を保存する必要があるので注意**

2023年中はスキャンしたデータの解像度や色について情報の保存の必要性があります。**解像度については200dpi以上必要です。** dpiとは1インチの幅におけるドットの密度を表す単位で、右ページのような計算でスマートフォンの写真の画質を表す単位となっている画素数にも置き換えられます。

解像度を上げれば、きめが細かくなるぶん、画質はアップしますが、データ量は増えます。会計ソフトに付随するOCR機能（画像データのテキスト部分を文字データに変換する機能）による自動仕訳を利用する場合でも、300dpiあれば十分です。

スマホなどで写真を撮影する場合は、前出の画素数で判断します。**A4サイズの書類の場合、約387万画素（縦の画素数×横の画素数）**が必要になりますが、最近のスマホは1,000万画素を超えているものが多いので、特に気にしなくてもいいでしょう。

また色については、「赤色、緑色及び青色の階調がそれぞれ256階調以上で読み取るものであること」という規定があります。これは24bitカラー、簡単にいえばフルカラーで読み取ることを指します。どの機器も通常はフルカラーの設定になっていて、**重要書類は必ずフルカラーでスキャン**しなければなりません。**一般書類に関してはグレースケール（モノクロ）**でもかまいません。

なお、**A4サイズ以上の書類は大きさ（サイズ）**に関する情報の保存も必要です。ただし、**2024年1月以降は解像度、階調、サイズとも画面の保存の要件**（P.69参照）**は廃止**されます。

● 解像度（dpi）とは

dpi=dots per inchの略
1インチの幅の中のドットの密度を表す

●A4サイズ（縦297mm×横210mm）
インチ換算：縦11.69インチ×横8.27インチ

▼

●200dpiの画素数
縦11.69インチ×200ドット=2,338画素
横8.27インチ×200ドット=1,654画素

▼

縦2,338画素×横1,654画素
=3,867,052画素

⇒約387万画素

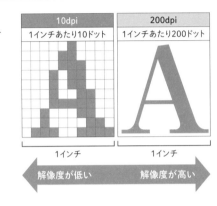

10dpi	200dpi
1インチあたり10ドット	1インチあたり200ドット

1インチ　　　　1インチ

解像度が低い　　解像度が高い

Part 4

紙で授受した請求書・領収書などのスキャナ保存のルール

● 解像度の指定方法

ファイル - ControlCenter4

ファイル形式
PDF マルチページ (*.pdf)

ファイル名
CCF_000001.pdf　　　　変更

保存先
●フォルダー　　○SharePoint
C:¥Users¥iino¥OneDrive - 株式会社ノート¥画像¥ControlCenter4¥Sc

□プレスキャン

解像度
200 x 200 dpi

カラー設定
1677万色カラー

原稿サイズ
A4 210 x 297 mm (8.3

明るさ

コントラス

スキャナやプリンター（複合機）本体の設定画面や、パソコンにインストールされている各機器のソフト（スキャナドライバ）から200dpi以上を指定する

スマートフォンで撮影の場合は?

最近のスマートフォンのカメラは、標準で1,000万画素を超えているものがほとんどなので、A4サイズ以下のスキャンであれば、撮影したデータそのままでOK

まとめ
□ 200dpi以上の解像度、フルカラーでスキャンする
□ 最新スマホのカメラなら画素数は要件を満たしている

77

スキャナ保存のルール④
入力者等の情報の確認とは？
——2024年1月1日以降は廃止

入力者とは、画像と書面が同じことを確認した者のこと

　スキャナ保存では要件の一つとして、「国税関係書類に係る記録事項の入力を行う者又はその者を直接監督する者に関する情報を確認することができるようにしておくこと」としています。

　"入力を行う者"とは、スキャンした電子データと紙の書類に記載された事項が同じかどうかを確認した人のことです。スキャン作業する人が"入力を行う者"ではない点に注意が必要です。たとえば、営業担当者が受け取った領収書をスマホで撮影し、経理担当者が経理処理の際に画像と領収書の書面が同じであることを確認している場合、入力者は経理担当者になります。

　また**"その者を直接監督する者"とは、実際のスキャン作業を直接指揮監督する人**のことです。入力者を指揮監督するのが経理課長で、最終決裁者が経理担当役員だった場合、経理課長を指します。

　この**入力者と監督者を特定できるように、事業者名や役職名、所属部署、氏名などを確認できる状態にしておく**というのが本要件です。このことにより、1枚の領収書を複数人で使い回したりするなどの不正を防止しています。

　具体的には、経費精算ソフトなどの承認機能を利用します。「承認者」に経理担当者を設定し、領収書等の原本とスキャンしたデータを照合させることで、領収書の使い回しなどに対応します。

　ただし、スキャン作業をアウトソーシングするところも増えているため、**2024年1月1日以降、入力者等の情報の確認の要件は廃止**されることが決まっています。

● 2023年12月31日までは入力者や監督者の情報が必要

2023/12/31 ←→ 2024/1/1

2023年12月31日まで
入力者情報が **必要**

2024年1月1日以降
入力者情報は **不要**

すぐに制度が変わるからといった理由で、入力者や監督者の情報を省略することはできない

● スキャン保存における「入力を行う者」(入力者)とは?

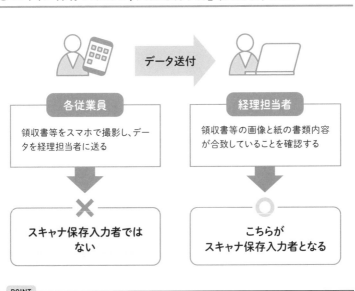

データ送付

各従業員

領収書等をスマホで撮影し、データを経理担当者に送る

経理担当者

領収書等の画像と紙の書類内容が合致していることを確認する

✗
スキャナ保存入力者ではない

○
こちらがスキャナ保存入力者となる

POINT

スキャナ保存入力者は、個人を特定できる情報が確認できるように、以下の情報を備えておく。

● 電子署名　● ID(身分証明)保存　● 事業者名、役職名、所属部署、氏名など

まとめ

☐ スキャナ保存入力者の定義に注意する

☐ 2024年1月1日以降の保存分から入力者等の情報は不要

スキャナ保存のルール⑤
帳簿との関連付けの方法は?
——2024年1月1日以降は重要書類のみ対象

● 取引番号などでスキャン書類と帳簿を紐付けする

スキャナ保存で求められる要件の一つに、"帳簿との相互関連性の保持"があります。スキャナ保存された国税関係の書類は、基本的に帳簿の記載事項と関連性があるはずで、この関連がわかるように保存する必要があります。

たとえば、請求書が帳簿上のどの取引のものなのかをわかるようにしておくということです。紙による帳簿保存の場合でも行っている事業者は多いと思いますが、同じように**取引案件ごとに番号を振ってスキャン書類と帳簿を相互に紐付けし、確認が取れる**ようにしておかなければなりません。

関連性を確認するための番号などの振り分け方については、特に定められていません。事業者が独自にルールを決めていいことになっています。

また、帳簿に番号の記載がなくても、**取引番号一覧などの書類を作成しておき、この書類によって帳簿に記載された取引との関連性が確認できれば、要件を満たしている**と判断されます。

なお、**2024年1月1日以降は、相互関連性を保持する対象から一般書類は外れて重要書類のみ**となるため、2023年12月31日までの対応となりますが、見積書を作成したものの結果的に取引に至らなかったケースはどうなるでしょうか。

取引が成立していないため、この見積書に関連する取引は帳簿上に存在しません。しかし、こうしたケースでも、"帳簿とは関係ないこと"を確認できるように、スキャナ保存をする必要があります。

● 国税関係帳簿とスキャン書類を関連付ける

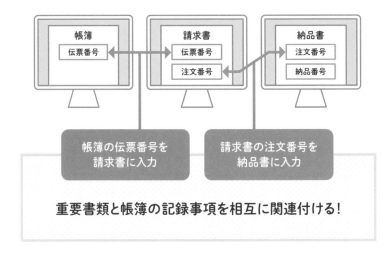

● 帳簿と関係する書類例

書類	関連する帳簿
契約書	契約に基づいて行われた取引に関連する帳簿(例:売上の場合は売掛帳)など
領収書	経費帳、現金出納帳など
請求書	買掛金元帳、仕入帳、経費帳など
納品書	買掛金元帳、仕入帳など
領収書の控え	売上帳、現金出納帳など
請求書の控え	売掛金元帳、売上帳、得意先元帳など

帳簿とは関係ない
一般書類の保存は?

通常の取引では使わないような番号を振り分けて、必要なときにデータを抽出できるようにしておく

まとめ

□ 番号などでスキャン書類と帳簿のデータを相互に紐付けする

□ 2024年1月1日以降は重要書類にのみ適用

スキャナ保存のルール⑥
スキャナ保存後の原本（紙）の処理は?
——即時廃棄できるが、数年は待つのがベター

● 不備があると原本が必要になる可能性がある

　スキャナ保存のために電子化したあとの原本、つまり紙の書類は、**電子データと書面の記載事項が同じことを確認したら、即時廃棄することができます**。

　ただし、スキャン後に即廃棄するのは危険です。領収書などのスキャンを経理担当者ではなく、受領者本人が行うように業務フローを組んでいる場合、必ずしも要件どおりにスキャンできているとは限りません。折れ曲がっていたり、画像が鮮明でなかったりすることもあるでしょう。**スキャナ保存の要件を満たしていなければ、改めてスキャンをし直さなければなりません**。

　また、タイムスタンプの期限が過ぎていたり、訂正・削除に関する事務処理規程がないまま、同じクラウドサービス内での授受を行っていなかったりした場合も、スキャナ保存の要件を満たしません（P.74参照）。こうした場合は原本である紙の書類を保存しておく必要があります。

　さらに2023年10月から始まる**インボイス制度**での請求書や領収書などの処理は複雑なため、いつ原本に戻らなければならなくなるかわかりません。**スキャナ保存後も、数年は紙も保存**しておくことをおすすめします。

　そのほかにも、企業内部の監査などで原本が必要になる可能性もあるでしょう。原本の即時廃棄が可能になったのは、あくまでも電帳法上のルールとしてです。社内状況や社内規定なども勘案しながら、独自のルールづくりが必要です。

● 紙の原本を廃棄するタイミング

**受領者が
書類をスキャン**

**経理担当者が
確認**

社内・外部監査終了
該当する課税期間終了

最短でもここまでは保存

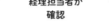
スキャンや撮影しただ
けでは廃棄できない

電帳法では、この時点
で廃棄してもよい

紙の原本が必要になることも
あるので、数年は保存しておく

Part
4

紙で授受した請求書・領収書などのスキャナ保存のルール

● 紙の原本が必要になるケース

スキャナ保存の要件を満たしていない

折れ曲がっている

解像度が低い

**タイムスタンプの
付与がない**

**スキャナ保存の
期限を過ぎている**

インボイス制度への対応

電帳法とインボイス制度では保存要件
が異なるため、思いもよらぬところで原
本に立ち返る必要が出てくる場合も。
原本は残しておくほうが無難

監査や社内規定への対応

社内規定により紙が必
要になるケースもある。
監査などのときに必要
になることも

まとめ
□ スキャン後に即廃棄は、不備があったときに危険
□ 保管する期限は社内でルールづくりが必要

スキャナ保存のルール⑦
不正が行われた場合の罰則は?
——追徴課税+重加算税の重いペナルティが発生

● 仮装隠蔽は重くなる

　スキャナ保存した書類の原本は、電帳法のうえでは廃棄可能です
が、その前提として、税務署と事業者との信頼関係が欠かせません。
そのため、**スキャナ保存された取引に関して改ざんなどの事実が見
つかった場合、制度の根幹を揺るがす隠蔽であると判断され、重い
ペナルティ**が科せられます。

　一般に税金が発生する事実を隠すような行為を**仮装隠蔽**といいま
す。「二重帳簿の作成」「帳簿・書類・証憑の隠匿、虚偽記載、改ざん」
などの行為です。ミスとの線引きは故意かどうかによりますが、税
務署の判断に委ねることになるため、注意が必要です。

　仮装隠蔽が発覚すると、追徴課税による税額だけでなく、その税
額の35〜40%を重加算税として支払わなければなりません。さらに、
その仮装隠蔽が**スキャナ保存を含む電子データの記録に関わるもの
であった場合、重加算税にさらに10%加算**されます。

　重加算税の支払いは損金(必要経費)にならず、一括払いが原則
です。また、当初申告納税した税額と実際の税額との差額に対して、
日数分の延滞税も支払わなければならなくなります。加えて税務署
からの信頼を失ったことで、翌期以降も税務調査の入る可能性が高
まります。

　そのほか、**青色申告の承認が取り消される**可能性があります。個
人も法人もいったん白色申告になると、取り消しの通知日から1年
間は青色申告の再申請ができません。結果的に2年程度は青色申告
だけに認められている各種控除を受けられなくなります。

● 仮装隠蔽に対する追徴課税と重加算税

```
   仮装隠蔽      →      追徴課税              重加算税
   発覚!
                      当初申告した税額と      納税額の35%
                      実際の税額との差額       ⇒45%
```

スキャナ保存の不正の場合、10%が加算される

(例)1,000万円の過少申告が発覚し、偽造請求書を電子データで保存していた
　　(法人税率を30%と仮定)

計算
・追徴課税額:1,000万円×30%=300万円
・通常の重加算税:300万円×35%=105万円
・電帳法違反による重加算税:300万円×10%=30万円 ◀

合計　435万円

● そのほかのペナルティ

```
   青色申告の                    日数分の延滞税
   承認取り消しで、
   各種控除が
   受けられなくなる


   加算税の納付は                 税務調査が入る
   損金(必要経費)に               可能性が高くなる
   ならない
```

まとめ
　□ スキャナ保存の仮装隠蔽は重加算税が10%加算される
　□ 青色申告承認の取り消しなど、さらなるペナルティがある

過去分の紙の書類の
スキャナ保存も認められている

● 適用届出書はe-Taxで提出

　国税関係の書類は、法律で保存期限が原則7年間と定められています。紙ベースで保存していると相当な分量となるため、置き場所を確保するのも容易ではありません。実質的に数年に一度の税務調査のためだけに、ひと部屋分の賃貸料を払い続けている事業者も少なくないでしょう。そのため電帳法では、**スキャナ保存を開始する前の過去の紙の書類についても、スキャンして電子データで保存することを認めています。**

　ただし、**契約書や領収書など過去分の重要書類をスキャナ保存する際には、税務署へ適用届出書の提出**（e-Taxでの提出も可）が必要です。適用届出書は国税庁のサイトからダウンロードできます。なお、重要書類のスキャナ保存には入力期間が規定されていますが、過去分については入力期限はありません。これは過去に作成した書類が膨大な量になることが考えられ、入力にも相当の期間が必要であると考えられるためです。

　一方、同じ過去分の書類でも、**一般書類のスキャナ保存については届出の必要も、入力期限もありません**。いつでもスキャナ保存することができます。

　ただし、いずれも将来的にも継続してスキャナ保存を行うことが前提となっています。本来のスキャナ保存の入力期間を守らず、その都度、適用届出書を提出して過去分として扱うような潜脱行為の防止の観点から、同一種類の重要書類に対して繰り返し適用届出書を提出することは禁じられています。

● スキャナ保存の適用届出書【過去分】

国税関係書類の電磁的記録によるスキャナ保存の適用届出書 （過去書類）
（過去分重要書類）

※整理番号

税務署受付印

	（フリガナ）	シンジュククシンジュク ○-○-○
住所 又は居所 本店又は主たる事務所の所在地		新宿区新宿 ○-○-○
		（電話番号 03-0000-0000）
	（フリガナ）	カブシキガイシャ ギヒョウセッケイ
名 称（屋号）		株式会社 技評設計
法 人 番 号		○○○○○○○○○○○○○
	（フリガナ）	アオキ タケシ
氏 名（法人の場合）代表者氏名		青木 健
	（フリガナ）	スギナミクオギクボ ○-○-○
代 表 者 住 所 （法人の場合）		杉並区荻窪 ○-○-○
		（電話番号 03-0000-0000）

令和 ○年 ○月 ○日

新宿 税 務 署 長 殿
（所轄外税務署長）

税 務 署 長 殿

届け出ようとする書類の保存義務等を規定している税法名称を記載

…に規定する過去重要書類又は旧規則第3条第7項に規定する過去分重要書類について、
…は旧規則第3条第7項の規定の適用を受けたいので、これらの規定により届け出ます。

1 届出…る過去分重要書類の種類及び基準日

書 類 の 種 類			基 準 日
根 拠 税 法	名 称 等	ファイル形式	（承認を受けた）保存に代える日
法人税法	領収書	JPG	令和○年 ○月 ○日
法人税法・消費税法	請求書	PDF	令和○年 ○月 ○日
			年 月 日
			年 月 日

届け出ようとする書類の名称を記載

保存時のファイル形式を記載

スキャナ保存を開始した日またはスキャナ保存の承認を受けた日を記入

2 その他参考となる事項

この届出書にかかわる担当部署：経理部 電話番号03-0000-0000

税 理 士 署 名	

※税務署処理欄	同 時 提 出 届 出 書		回 付 先		整理簿
	個人・（消費）・資産・資料・法人（消費）・源泉諸税・酒（ ）	管理運営 ⇒	個人・資産・資料・法人・源泉諸税・酒・局（ ）		
	通信日付印	確認	入力年月日	入力担当者	番号確認	（摘要）
	年 月 日		年 月 日			

(1／1)

国税庁のウェブサイトからPDFでダウンロード可能
https://www.nta.go.jp/law/joho-zeikaishaku/sonota/jirei/pdf/0021011-060_08.pdf

---

まとめ

☐ 過去分の重要書類のスキャナ保存は届出が必要

☐ 過去分のスキャナ保存に入力期間はない

小規模事業者は法人カードで現金取引を最小限に

電子化を阻害する要因として、紙の書類以上にやっかいなのが現金のやり取りです。

たとえば、仮払いを行えば、伝票を起こさなければならず、残額の精算も必要になります。記帳も必要になりますし、入出金のため銀行へも足を運ばなければなりません。

現金取引を最小限にするためには、まず、オフィス用品や公共料金や宅配便料金など口座振替や月締めの請求書払いにできるものは手続きをしましょう。タクシーなども配車アプリの中には、法人契約によって乗車料金を請求書払いにできるだけでなく、利用日時、利用者、乗降車地、金額など乗車履歴を確認できるサービスを利用できるものもあります。

また、社員の経費精算で現金取引を減らす方法として、有効なのが法人カードの利用です。経費を立て替える必要がなくなり、精算業務にかける経理担当者の時間と手間を削減できます。精算申請漏れなどによる業務の遅れを防ぐこともできます。

会計ソフトへの自動記帳も可能になります。使いすぎや不正使用が心配であれば、カードの利用範囲や金額を利用規定として定めることで、ある程度、抑止ができるでしょう。

ほとんどの法人カードは年会費がかかりますが、社員用に追加発行するカードについては無料のところもあります。追加発行できるカードの枚数はカード会社によって異なるので、必要な枚数が確保できるかどうかは、事前に確認が必要です。また、利用限度額もカード会社によって異なります。自社に必要な額が確保できるかも確認して選びましょう。

Part

5

電子取引データ保存に基づく

電子契約のしくみ&
利用と管理のポイント

紙と印鑑による契約に代わる
電子契約のしくみと流れ

●電子契約で業務のスピードアップが可能

　本来、契約は民法に由来する契約自由の原則によって、口頭で交わしたものでも成立します。しかし、企業間の契約では、争いが起きたときに備え、署名や押印のある書面をもって行うことが必要とされてきました。近年、経済活動の電子化が進み、電子契約による合意が増加しています。

　公益社団法人日本文書情報マネジメント協会（JIIMA）が定義する電子契約は「電子的に作成した契約書を、インターネットなどの通信回線を用いて契約の相手方へ開示し、契約内容への合意の意思表示として、契約当事者の電子署名を付与することにより契約の締結を行うもの」としています。つまり、**電子契約は契約条件という取引情報を電子的に授受する手段であり、電子取引に含まれます。**書面契約の手書きの署名や押印に代わって電子署名や電子サインが使われ、またタイムスタンプの付与によって改ざんを防止します。

　具体的な流れとしては、まずパソコンなどで電子的に作成された契約書を電子契約サービス事業者に送信します。この段階で契約書に電子署名とタイムスタンプが付与されて暗号化されます。受信者が契約書を確認し、問題がなければ合意します。合意された段階で契約が締結されたことになります。

　このように電子契約の工程は非常にシンプルです。**割印や印紙が不要なので、手間やコスト削減につながるだけでなく、保管場所や管理の手間の削減を図れます。**また、**アラート機能を設定しておけば契約更新の確認漏れなど**も防止できます。

● 書面契約と電子契約の違い

比較項目		書面契約	電子契約
証拠能力	押印	印鑑または印影	電子署名または電子サイン※
	本人性の担保	印鑑証明書	電子証明書
	改ざん防止	契印・割印	タイムスタンプ
事務処理	送付方法	郵送・持参	インターネット通信
	保管方法	ファイリング等	サーバー
	印紙	必要	不要

※タブレット上でタッチペンにより記名して電子データ保存したり、Webサービス上でログイン用のID・パスワードを設定するもの

● 電子契約サービスが使える主な契約

 条件なしに使える

・取引基本契約書　　・賃貸契約書
・売買契約書　　　　・代理店契約書
・業務委託契約書　　・保証契約書
・秘密保持契約書　　・サービス利用契約書
・請負契約書　　　　・誓約書
・発注書／発注請書　・顧問契約書
・雇用契約書

 相手方の承諾があれば使える

・建設工事に関わる請負契約書
・下請会社に対する受発注書
・定期借地契約書
・定期借家契約書
・宅建業者の媒介契約書
・不動産売買における重要事項証明書
・宅地建物売買等契約締結時に
　交付する契約書

 使えない

・事業用定期借地契約書
・企業担保権の設定又は変更を目的とする契約
・任意後見契約書

 相手方が希望すれば使える

・労働条件通知書
・派遣労働者への就業条件明示書面
・マンション管理等委託契約書

POINT

今後の法改正で電子契約サービスが使える契約が増える可能性もあるので、常に情報収集しておくこと!

まとめ
　□ 業務効率化、コスト削減、書類の保管場所や管理も不要
　□ 一部、電子契約が不可の契約もある

電子署名、電子印鑑、
タイムスタンプの違いを理解する

▶ 証明能力があるのは電子署名とタイムスタンプ

　電子化を進めていくとよく出てくるのが、"電子署名"と"電子印鑑"という言葉です。同じもののように見えますが、まったくの別物なので注意が必要です。

　まず**電子署名は本人によって行われた署名であることを暗号技術によって証明するもの**です。この暗号技術には"ハッシュ値"という関数が使われています。ハッシュ値とは、元になるデータから一定の計算手順により求められた固定の桁数からなる不規則な値のことです。同じデータからは必ず同じハッシュ値が得られる一方、**データの改変があった場合には不可逆になるため、ハッシュ値から元のデータの復元は不可能**です。したがって、送信時のハッシュ値と受信時のハッシュ値の一致によって、送信者が文章の作成者であることの証明となります。いわば電子の世界での実印といえます。

　一方、電子印鑑は印影を電子データ化したものでワードやエクセル、PDFなどの文書に捺印できます。ただし、**電子印鑑は電子署名と違って本人の押印であることや、書類が改ざんされていないことを証明する機能はありません**。最近では印影に日時情報などを組み込むことができる電子印鑑もありますが、あくまでも認印程度の扱いとなります。

　タイムスタンプはP.22でも説明したように、PDFなどの電子データに日時のデータを埋め込むことで、真実性の確保を担保する技術です。このタイムスタンプにも、電子署名と同様にハッシュ値による暗号技術が使われており、偽装や改ざんを防いでいます。

● 電子署名の流れ

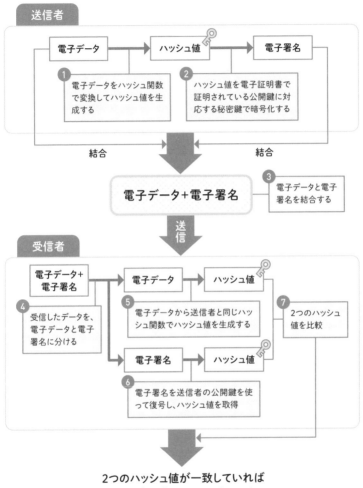

送信者

電子データ → ハッシュ値 → 電子署名

① 電子データをハッシュ関数で変換してハッシュ値を生成する

② ハッシュ値を電子証明書で証明されている公開鍵に対応する秘密鍵で暗号化する

結合　　　　　　　　　　　結合

電子データ+電子署名

③ 電子データと電子署名を結合する

送信

受信者

電子データ+電子署名

④ 受信したデータを、電子データと電子署名に分ける

電子データ → ハッシュ値

⑤ 電子データから送信者と同じハッシュ関数でハッシュ値を生成する

電子署名 → ハッシュ値

⑥ 電子署名を送信者の公開鍵を使って復号し、ハッシュ値を取得

⑦ 2つのハッシュ値を比較

2つのハッシュ値が一致していれば
データが改ざんされていないこと、
送信されたデータが本物であることが確認できる!

まとめ
□ 証明能力が必要な場合は電子署名やタイムスタンプを利用
□ 電子印鑑は認印ぐらいの使い方と認識する

電子署名の認証を受けるなら
電子契約サービスの利用が現実的

● 立会人型の電子契約サービスが主流に

　電子契約は民法、電子署名法、民事訴訟法、印紙税法、電帳法、法人税法など、さまざまな法律に関連しており、それらすべてをクリアするシステムを自前で構築するのは現実的とはいえません。そこで考えたいのが電子契約サービスの利用です。

　電子署名には、①当事者型（当事者署名型）、②立会人型（事業者署名型）の２つのタイプがあります。電子署名を使うためには、国から認定を受けた認証局（https://www.digital.go.jp/policies/digitalsign/の「電子署名法に基づく認定認証業務一覧」に記載）に、事前に電子証明書の利用を申し込み、本人確認などを経て、登録した公開鍵（暗号鍵）付きの電子証明書の発行を受けなければなりません。

　①の**当事者型**は、契約を結ぶ当事者がそれぞれ事前に認証局から本人確認を得て、電子証明書が格納された IC カード（ローカル型電子署名）や電子ファイル（リモート型電子署名）を発行してもらうものです。②の**立会人型**は、電子契約サービスの利用によって、事業者が代理で電子署名を付与するものです。22ページで説明した、認定スタンプの付与が可能な会計システムと同様のイメージで捉えるとわかりやすいでしょう。

　利便性を考えると立会人型をおすすめします。クラウド型の立会人型の電子契約サービスが今後の主流になるとみられています。ただし、事業者の選択にあたっては、各種法律に対応しているか、法的証拠能力をどのように担保しているかなどを確認する必要があります。

◉ 当事者型と立会人型の違い

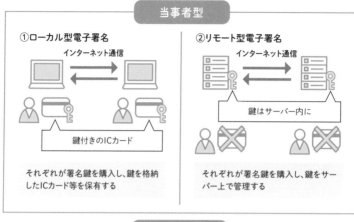

◉ 当事者型と立会人型のメリット・デメリット

電子署名の タイプ	当事者型	立会人型
メリット	・信頼性が高い	・電子証明書取得の必要なし ・相手方がアカウントを保有していなくても利用可能な場合あり
デメリット	・利用者双方に電子証明書取得の手間がかかる	・なりすましの可能性がある

まとめ
□ 電子署名の利用には、2つのタイプがある
□ クラウド型の立会人型電子契約サービスが増えている

電子契約サービスを選ぶときの
3つのポイント

● 現状の契約状況を把握し、条件を満たすサービスを選ぶ

　電子契約サービスを選ぶときに、まず考えなければならないのは**コスト**です。初期費用は無料、維持費用は月額基本料金と契約書1通ごとの従量課金制のサービスが多くなっています。また、契約書の送信件数によってプランが分かれていることが多いので、自社の契約数などによって選択しましょう。そのほか、使えるアカウント（契約先）の数が少ないと、アカウントの追加ごとに料金が発生するシステムになっているサービスもあります。

　2つめは**電子証明書の法的証拠能力のレベル**です。同じ電子証明書でも、認証局や本人確認審査など認証方法の違いによって、実印レベルから認印レベルまで法的証拠能力に違いがあります。契約の重要性や訴訟の可能性などを考慮して、適切なサービスを選ぶ必要があります。

　3つめは**データ保存の有無**です。多くの電子契約サービスは、契約書をクラウド上に保存し、検索できるサービスを提供していますが、なかには契約書の保存は利用者が管理しなければならないサービスもあります。

　契約書をクラウド保存できるサービスのほとんどは、電帳法など各種法令で定められた保存期限をクリアしています。ただし、将来的に事業者がサービスの提供を終了する可能性はゼロではありません。そうなれば、新たなサービスに移行しなければならなくなり、大きな手間となります。コストだけに目を奪われず、利便性や長期利用が可能なサービスであるかも考慮しましょう。

◉ 電子契約サービス選択のポイント

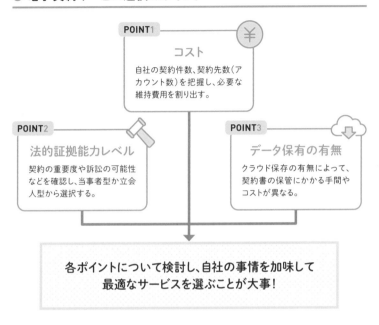

POINT1

コスト

自社の契約件数、契約先数(アカウント数)を把握し、必要な維持費用を割り出す。

POINT2

法的証拠能力レベル

契約の重要度や訴訟の可能性などを確認し、当事者型か立会人型から選択する。

POINT3

データ保有の有無

クラウド保存の有無によって、契約書の保管にかかる手間やコストが異なる。

各ポイントについて検討し、自社の事情を加味して
最適なサービスを選ぶことが大事!

◉ 選択時に考慮すべきポイント

BtoBでの利用か、BtoCでの利用か

現在利用中のほかのシステムと連携できるか

自社の事業規模や業種

契約書のテンプレートや契約書一括作成機能があるか

契約相手(取引先)も同じサービスに登録する必要はあるか

まとめ
- □ 自社の契約状況からニーズを洗い出す
- □ 電子契約化で何を達成したいのかを考えてサービスを選ぶ

画面でわかる！
電子契約サービス

●「クラウドサイン」の画面例

一般的な電子契約サービスでは、以下の手順で契約を締結する。

▶電子契約書の送信

契約書を用意→アップロード→署名の位置などを指定→契約相手（受信側）の氏名やメールアドレスを
入力→送信

▶電子契約書の受信（契約相手側）

通知メールを受信→メールに記載のリンクをクリック（アクセスコードが設定されている場合は送信者
側に確認）→必要な部分に署名と捺印→完了ボタンをクリック→契約書（PDF）がメールへの添付で送
られてくるので（あるいは自分でダウンロードして）保存

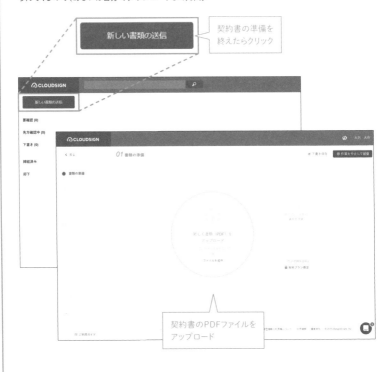

契約書の準備を
終えたらクリック

契約書のPDFファイルを
アップロード

●契約書の管理・保管が可能な電子契約サービス

代表的な電子契約・電子署名サービスを下記にまとめた。小規模事業者でも利用可能な月額費用を抑えたサービスも登場している。ただし、契約相手側が当該サービスへのアカウント登録(無料)が必要になるなど、ひと手間かかる場合もある。コストと利便性のバランスを考えて選びたい。

※月額費用は、年額プランのあるものは月額換算　　　　　　　　　　　　　　　　2023年5月現在

比較項目	クラウドサイン	電子印鑑GMOサイン	freeeサイン	Acrobat Sign
初期費用	0円	0円	0円	0円
月額費用	10,000円〜	9,680円	個人向け980円 企業向け4,980円／月〜	個人向け1,518円／月〜 企業向け1,848円／月〜
電子署名のタイプ	立会人型	当事者型 立会人型	立会人型	当事者型 立会人型
印鑑画像や印影の登録	−	○	○	○
テンプレート機能	○	○	○	○
契約相手側のアカウント登録	不要	不要	不要	不要
備考	国内シェア第1位。日本の法律に特化。官公庁や金融機関でも採用	当事者型と立会人型の両方に対応	グーグルアプリケーションで契約相手側も編集できる機能を搭載	Adobe Acrobatのサービス。Acrobatユーザーは追加料金不要

比較項目	DocuSign	マネーフォワードクラウド契約	みんなの電子署名
初期費用	0円	0円	0円
月額費用	個人向け1,100円／月〜 企業向け2,800円／月〜	個人向け800円／月〜 企業向け2,980円／月〜	0円（1年以上保管後。50文書で550円）
電子署名のタイプ	立会人型	立会人型	立会人型
印鑑画像や印影の登録	○	−	−
テンプレート機能	○	○	−
契約相手側のアカウント登録	不要	必要	必要
備考	世界シェア1位。米国やEUなど世界各地のセキュリティ基準に対応	マネーフォワードクラウド会計ほか11のソフトとセット提供（P.61参照）	書類の数に応じた従量制料金。取り扱いはPDFに限定

このほか、連携サービス(一般的なクラウドストレージやワードなどで作成した契約書の取り込みなど)やワークフロー機能(社内での稟議や承認)、ユーザーインターフェースなどの確認も

電子契約書を受け取る側の
契約書管理のポイント

● アカウント登録の有無で契約書管理の方法が変わる

　電子契約サービスを利用した電子契約書は、電帳法の電子取引データ保存の要件に従って管理します。契約書を発行したときは、自社が採用している電子契約サービスのクラウド上、もしくは自社のサーバーなどに保存して管理します。契約書を受領したときは、自社がアカウント登録している電子契約サービスと同一のところから送られてきたか否かで保管方法が変わります。

　同一の電子契約サービスから送られてきた場合は、クラウド保存サービスの契約をしていれば、自社のアカウントでそのまま保存することが可能です。

　アカウント登録していない別の電子契約サービスから送られてきた場合は、届いた契約書をダウンロードし、電帳法の電子取引データ保存を行います（Part2 参照）。ファイル名の変更などをして検索要件を確保し、フォルダなどに保存します。

　電子契約サービスを利用して作られた電子契約書は、両者の電子署名が完了した段階でタイムスタンプが付与されるので、真実性は確保されていると考えて問題ありません。

　ただし、一部の電子契約サービスでは、総務省が定めた認定タイムスタンプとは異なったスタンプを利用しています。そのようなサービスでも、訂正・削除できない仕組みになっていれば、真実性の確保の要件を満たすことになります。一方、そうでないサービスから受け取った電子契約書は、事務処理規程を作成・運用するなど、改めて真実性の確保の要件を満たさなければなりません。

● アカウント登録の有無による管理の違い

| 同じ
電子契約
サービスを
使っている | ・自社のアカウントで保存可能
・電子取引の保存要件は満たしている
・契約書が届いてからアカウント登録も可能 |

| 違う
電子契約
サービスを
使っている | ・クラウド保存は不可
・ダウンロードして保存
・電帳法に定められた電子取引データ保存の規定に従って保存
・検索機能の要件を確保する |

● 電子契約サービスの「真実性の確保」

POINT

総務省が定めた認定タイムスタンプではない場合は、事務処理規程を作成・運用するなど、改めて「真実性の確保」の要件を満たさなければならない。

まとめ

☐ 登録があれば、自社のアカウントでクラウド保存が可能

☐ 登録がなければ、電子取引データ保存の規定に沿って保存

電子署名やタイムスタンプに有効期限はある?

　電子契約の際に利用する電子署名ですが、その効力には有効期限があります。電子署名に付与する電子証明書の有効期限によって決まっており、多くの電子署名サービスは1〜3年に設定しています。この期限を過ぎると電子証明書が失効するので、同時に電子署名も効力を失います。

　なぜ有効期限が決められているのかというと、電子証明書にかけられた暗号が、技術の進歩によって破られてしまうリスクを避けるためです。

　ただ、実際にはこの有効期限以上の長期にわたって契約を結ぶケースも多いため、電子証明書の契約期間を10年以上に延長できる長期署名という仕組みが設けられています。

　長期署名は電子証明書に使われる暗号が破られる危険性が出てくる前に、最新の暗号技術によるタイムスタンプを改めて付与して電子署名の有効期限を延ばすシステムです。タイムスタンプの有効期限は10年なので、電子署名にタイムスタンプを加えれば有効期限は10年となります。それより長い契約には、有効期限が切れる前に改めてタイムスタンプを付与して期限を延長します。

　電帳法で保存する書類の多くの保存期間は7年ですから、タイムスタンプの有効期限が切れる前に保存期間が終了するので、有効期限切れの影響を考える必要はありません。しかし、電子契約書で長期の契約を結んだ場合、電子署名やタイムスタンプは有効期限が切れる前に新たなタイムスタンプを付与しておかないと失効してしまいます。紙の契約書との大きな違いなので、注意が必要です。

Part

6

Q&Aでわかる

実務の現場で役立つ
電帳法の
実践アドバイス

ペーパーレスファクスで受領の注文書に口頭で訂正が入った場合の処理は?

● 訂正前の注文書とともに修正のメモ書きも保存

　小売店との取引など、見積書や注文書をファクスでやり取りしている事業者はまだ多いのではないでしょうか。しかし、ファクスの場合でも、電子取引に該当するケースもあるので注意が必要です。

　複合機で受信したファクスを紙に出力せず、PDF などに変換して、パソコンの共有フォルダやメールの受信ボックスに直接保存する**ペーパーレスファクス**や、インターネット経由で行う**クラウドファクス**を利用している場合、**受領した注文書は電子取引データ保存**のルールに従って取り扱います。では、このような電子取引データとして受け取った注文書の金額や数量に、あとから口頭で訂正が入った場合はどのように処理すればいいのでしょうか。

　電子取引データは書類をそのまま保存するのがルールです。書類の形になる過程における訂正の指示などについては、記録を残しておく必要はありません。しかし、本ケースでは口頭による訂正内容が書類に反映されていないため、注文書と請求書の間で金額差などが出ます。税務調査時に説明を求められる可能性があります。

　こうした対策として、**請求書や注文書に未反映の訂正内容についてはメモに残しておき（紙ベースでも可）、その後に受け取った請求書などと関連付けて保存**しておくといいでしょう。

　ただし、注文書以外の取引関係書類のうち、請求書や領収書など**インボイスに関連するものは、修正したものを必ず再発行**してもらってください。メモを残しておくだけでは、インボイスとして認めてもらえず、仕入税額控除を受けられません。

● ペーパーレスファクスと電帳法の関係

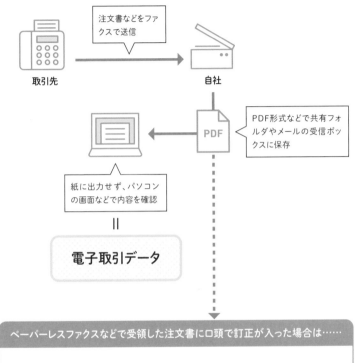

注文書などをファクスで送信

取引先 → 自社

PDF形式などで共有フォルダやメールの受信ボックスに保存

紙に出力せず、パソコンの画面などで内容を確認

＝

電子取引データ

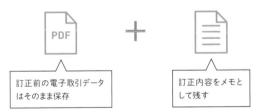

ペーパーレスファクスなどで受領した注文書に口頭で訂正が入った場合は……

PDF ＋

訂正前の電子取引データはそのまま保存

訂正内容をメモとして残す

ただし、請求書や領収書などインボイス関連の重要書類は再発行が必須！
その際も、訂正前の電子取引データは破棄せずにそのまま保存しておく

まとめ

□ ペーパーレスファクスなどは電子取引データに該当
□ 金額や数量に口頭での訂正事項が入ったときはメモにとって保存する

メールへの添付で授受した見積書は
取引が実現しなくても保存が必要?

◉ 契約に至らなかった見積書も保存しておく

　見積書のやり取りは一度で済むとは限りません。当初の提示金額で合意に至らず、改めて見積書をやり取りし直すこともあれば、複数の業者から相見積もりを取ることもあります。このようなケースでは、契約不成立の見積書が発生することになります。これらは破棄してもいいのでしょうか。

　こうしたケースも P.104 と同じように考えます。**契約に至らなかった見積書であっても、授受したものは保存**しておく必要があります。見積書は発行または受領した時点で取引書類となります。一方、メールの本文や口頭などで見積金額の交渉を行った過程などについての保存義務はありませんが、できるだけ残しておきましょう。

　見積書や領収書、契約書などは証憑書類と呼ばれ、金銭的な取引がどのように行われたかを示す証拠となります。契約に至った証憑書類についても、**法人なら 7 年間（赤字決算で繰越欠損金がある場合は最長で 10 年間）、個人なら 5 年間から 7 年間**の保存義務が法律で定められています。**すべての見積書を保存**しておくことをおすすめします。

　特に複数の業者から相見積もりを取ったものや、相場を上回る受発注金額になっているものは、税務調査などで不正な取引が行われていないか、経緯について尋ねられる可能性があります。**契約が成立しなかったものについては、ファイルのタイトルに"不成立"と入れるなど、成立しなかったことがわかるように保存**しておき、説明できるようにしておきましょう。

● 見積書の保存義務

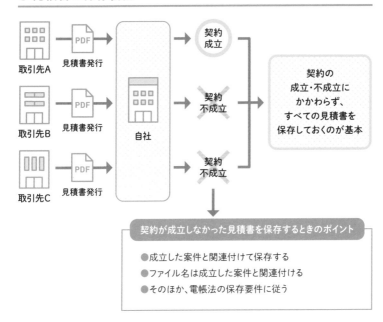

契約が成立しなかった見積書を保存するときのポイント

● 成立した案件と関連付けて保存する
● ファイル名は成立した案件と関連付ける
● そのほか、電帳法の保存要件に従う

● 契約が成立しなかった見積書の保存方法

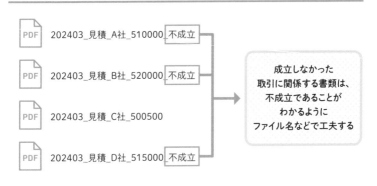

まとめ
□ 電子取引による見積書は、契約が成立しなかったものも確定データ
として保存が必要

パスワード付きの請求書は
パスワードを外して保存してもいい?

● ハッシュ値が変わるのでデータの改変に該当

タイムスタンプを付与されたPDF形式の請求書にパスワードが付いていた場合、このパスワードを外すことはデータの改変に該当する可能性があります。

タイムスタンプは"ハッシュ値"によってデータの改変のあるなしを判断します(P.92参照)。パスワードを外してしまうと、データのハッシュ値が変わってしまう仕様のものであれば、真実性の確保の要件を満たさなくなります。タイムスタンプが付与された**パスワード付きのデータは原則そのまま保存**するようにしましょう。

このようなパスワード付きのデータを会計ソフトのストレージなどにアップロードして管理する場合は、**関連する会計ソフトや経費精算ソフトの摘要欄にパスワードを記録**して対応します。

一方、同じパスワード付きのPDFでも、**タイムスタンプを付与されていない場合**は、取引情報(ハッシュ値)が変わらなければ、印刷機能などを利用して**パスワードなしのPDFに変換して保存**(P.42参照)することが認められています。同様にタイムスタンプを付与されていないワードやエクセルのデータをPDFに変換して保存することも認められています。

なお、受領したタイムスタンプ付きの請求書に、受領者や上司、経理などが閲覧した証しとして電子印鑑などを押すことも、ハッシュ値を変えてしまうため、データ改変となります。承認印が必要な場合は、原本となるPDFはそのまま保存し、複製したPDFや紙で行ったうえ、原本と関連付けて保存するようにしましょう。

● タイムスタンプ付き書類のパスワードを外した場合

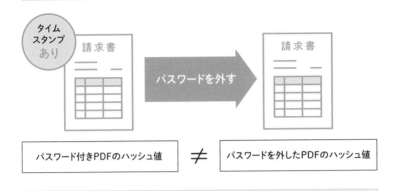

パスワード付きPDFのハッシュ値 ≠ パスワードを外したPDFのハッシュ値

ハッシュ値が変わる場合、取引情報は同じでもデータの改変に該当！
真実性の確保の要件を満たさない

● タイムスタンプ付きではない書類のパスワードを外した場合

取引情報（ハッシュ値）が変わらなければ、OK！

まとめ
　□ タイムスタンプ付与後の加工はデータ改変に該当
　□ タイムスタンプなしであれば、ワード→PDFなども可

合算請求書のファイル名や
取り扱いについての注意点は?

● 合算請求書の日付は社内でルールを統一

　同じ取引先と月に何度か取引があった場合、個別の請求書のほか
に、月単位でまとめた請求書の発行を求められることがあります。
あるいは各納品書を1枚の請求書にすることもあります。**合算請求
書（合計請求書）**と呼ばれるものです。合算請求書も個別の検索要
件を満たさなければならないため、ファイル名の付け方などについ
て、統一のルールを定めておく必要があります。

　まず日付については**社内のルールに則った月単位の締め日に統一**
するのがいいでしょう。特に各請求書のかがみ（表紙）として合算
請求書を受け取った場合、記載されている日付をそのままファイル
名に付けてしまうと、先方のルールに従ったファイル名となってし
まうため、検索が難しくなる可能性があります。自社のルールに基
づきましょう。

　また複数の請求書が一つのPDFファイルにまとめられた合算請
求書を受け取った場合、国税庁では「取引ごとにデータの同一性を
保持したまま記録事項を変更することなく単にデータを分割した
PDFファイルのファイル名に規則性を持った形で記録項目を入力」
すれば、検索要件を満たすとしています。つまり、**PDFファイル
を請求書ごとに分割して、それぞれに前述の規則性を持ったファイ
ル名にして、ダウンロード可能な状態であればよい**ということです。

　ただし、その場合でも、改ざんを疑われないように、**分割する前
の元のPDFファイルもそのまま保存**して、証拠として残しておき
ましょう。

● 合算請求書のファイル名の付け方

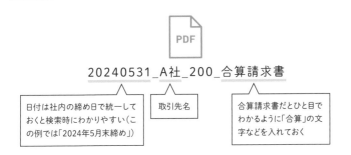

20240531_A社_200_合算請求書

- 日付は社内の締め日で統一しておくと検索時にわかりやすい(この例では「2024年5月末締め」)
- 取引先名
- 合算請求書だとひと目でわかるように「合算」の文字などを入れておく

● ファイルの分割

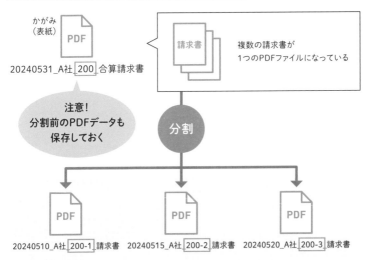

かがみ
(表紙)

20240531_A社_200_合算請求書

複数の請求書が
1つのPDFファイルになっている

注意!
分割前のPDFデータも
保存しておく

分割

20240510_A社_200-1_請求書　20240515_A社_200-2_請求書　20240520_A社_200-3_請求書

各請求書の日付と社内のルールに基づいてそれぞれファイル名を付ける

POINT

合算請求書との関連性がわかるように、番号などの付け方をルール化しておく

まとめ
□ 合算請求書のファイル名の日付は締め日などで統一する
□ ファイルを分割するときは、元のデータも保存しておく

スキャナ保存への移行時の注意点は？
万が一のときは紙の保存に戻せる？

● 課税期間の期首など、わかりやすい日付でスタートする

電子帳簿等保存への切り替え時期については、原則、課税期間の開始日からとお話ししました（P.50参照）。一方、スキャナ保存については、具体的な開始時期は定められていません。**任意の日から開始**できます。ただし、課税期間の途中で書類の保存方法を変更すると混乱をきたす可能性があるため、新しい課税期間の開始日からスタートするほうが安心できます。

改めて電帳法の3つの保存方法の開始時期について整理すると、電子取引データ保存は2024年1月1日には開始（インボイス制度の開始に合わせて2023年10月1日からの開始を検討してもいいでしょう）。電子帳簿等保存については移行するかどうかは任意で決められ、移行する場合は帳簿については必ず期首から、書類についてはいつでも開始できます。スキャナ保存についても導入は任意で、いつからでも開始できます。

ところで、スキャナ保存を開始したものの負担が重いため、課税期間の途中で取りやめることにした場合はどうすればいいのでしょうか。電子データの元となった紙の書類が残っている場合は、その紙だけを保存しておけばOKです。

一方、すでに**紙を廃棄してしまっている場合は、電子データをスキャナ保存の要件に沿って保存期間の満了まで保存**しなければなりません。新たに保存するものは紙で保存します。

なお、スキャナ保存をやめるにあたって、税務署への事前申請や届出の必要はありません。

● 電帳法による3つの電子化開始日の違い

ケース 3月決算法人の場合

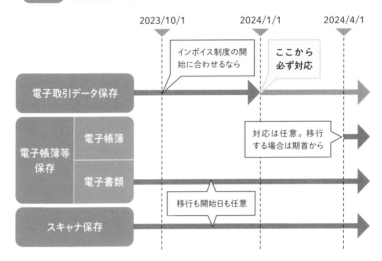

● 電帳法の3つの保存方法をやめた場合のデータの保存方法

区分		やめた時点までのデータの保存方法
電子帳簿等保存 (電子帳簿・電子書類)		すべて紙に出力して保存
スキャナ保存	原本(紙)が残っている	オリジナルの紙書類を保存
	原本(紙)が残っていない	スキャナ保存を継続
電子取引データ保存		やめることは不可(紙での保存は原則不可)

まとめ
☐ スキャナ保存は任意の日から開始できる

☐ 開始や取りやめにあたって、事前申請や届出は不要

スキャナ保存により不要となった
紙の領収書の不正利用防止策は?

◉ 社内ルールの徹底と経費精算システム利用で対応

　電帳法の本来の趣旨は、帳簿や請求書などを電子データにした場合、原本を即時破棄できるようにするものです。ただし、P.82でも説明したように、特にスキャナ保存した領収書などについては保存の要件を満たしていない場合などに備え、数年は原本を保存しておいたほうが安心です。

　領収書のスキャナ保存で心配されるのは、原本(紙の領収書)の不正利用です。紙ベースであれば、経費精算のときに経理部などに提出してしまうため、使い回すことはできませんでしたが、スキャナ保存で提出して原本の破棄や管理を提出者自身に任せた場合、別の部署の従業員と領収書を交換するなどして、1枚の領収書に対して、複数人が経費精算の申請をすることが可能になります。

　また、スキャンした画像を加工して、日付や金額を偽装されてしまうと、見抜くのは難しいでしょう。

　このような不正利用を防ぐ手立てとしては、**従来どおり、原本も提出**してもらい、経理側でスキャナ保存データと突き合わせを行うのがいちばんです。あるいは**領収書に自筆で署名してからスキャナ保存する**など、社内ルールの徹底が必要です。

　システムで対応できる策としては、**スキャン時に領収書の署名確認を促す機能や、金額や日付のチェック機能などが備わっている経費精算システム**を活用する方法もあります。必要以上に新たな業務を増やしてしまっては元も子もないので、システムで対応できるものは任せてしまったほうが効率的です。

▶ 領収書の不正利用防止策

防止策❶

速やかにスキャナ保存を行う

〈対策例〉
受領者本人がスキャナ保存を行う場合は当日、または翌日中に限定する

防止策❷

領収書に自筆で署名する

〈対策例〉
署名後にスキャナ保存を行う

防止策❸

領収書原本の保管方法を定める

〈対策例〉
「済」マークを記入して保管する

防止策❹

原本との照合検査を行う

〈対策例〉
ランダムに選んだ電子データと原本との照合調査を定期的に行う

防止策❺

経費精算システムの機能で防止する

〈対策例〉
申請者情報を元に重複をチェックする機能など

数字を改ざん
できないような
ルールを作ることが
大切!

▶ 経費精算システムの機能を活用

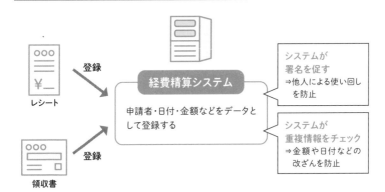

レシート

登録

経費精算システム

申請者・日付・金額などをデータとして登録する

登録

領収書

システムが
署名を促す
⇒他人による使い回しを防止

システムが
重複情報をチェック
⇒金額や日付などの改ざんを防止

まとめ

□ 不正利用防止の社内ルールを定めて徹底する

□ 経費精算システムで自動的に防止する体制を作る

スキャナ保存と電子取引データ保存は
同一の文書管理システムに保存可能？

● 両方の保存要件を満たす文書管理システムなら保存可

すでにお話ししてきたとおり、スキャナ保存の要件を満たすには、真実性の確保や可視性の確保が必要です（P.68、74参照）。また、電子取引データ保存にも、真実性と可視性の確保が要件（P.35参照）となっています。

どちらも真実性の確保については「タイムスタンプの付与」か、「データの訂正や削除の履歴が確認できる」、もしくは「訂正や削除ができないシステムを利用する」ことで要件を満たすことができます。

同様に可視性の確保についても、「①日付、取引金額、取引先で検索可能」「②日付、金額の範囲を指定して検索可能」「③2つ以上の任意の項目を組み合わせて検索可能」（税務署の求めに応じて電子データをダウンロードできる場合は②と③は不要）と、検索要件は同じです。

スキャナ保存のみ、スキャンする際に解像度やカラーなどの要件がありますが（P.76参照）、電子データを保存する点で基本的には電子取引データ保存と変わりありません。

そのため、**スキャナ保存と電子取引データ保存の両方の要件を満たす文書管理システム**（電子データ化した文書を格納・管理するサービス）**であれば、同一のシステムに保存**してもかまいません。スキャナ保存した書類と電子取引データ保存した書類をフォルダ分けするような必要もなく、また、**両者を区別して検索できなくても問題ありません**。

● スキャナ保存と電子取引データ保存の要件の比較

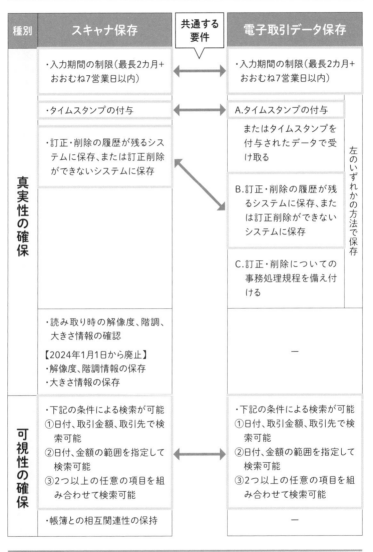

種別	スキャナ保存	共通する要件	電子取引データ保存	
真実性の確保	・入力期間の制限（最長2カ月+おおむね7営業日以内）	⟷	・入力期間の制限（最長2カ月+おおむね7営業日以内）	
	・タイムスタンプの付与	⟷	A.タイムスタンプの付与	左のいずれかの方法で保存
	・訂正・削除の履歴が残るシステムに保存、または訂正削除ができないシステムに保存		またはタイムスタンプを付与されたデータで受け取る	
			B.訂正・削除の履歴が残るシステムに保存、または訂正削除ができないシステムに保存	
			C.訂正・削除についての事務処理規程を備え付ける	
	・読み取り時の解像度、階調、大きさ情報の確認【2024年1月1日から廃止】・解像度、階調情報の保存・大きさ情報の保存		—	
可視性の確保	・下記の条件による検索が可能①日付、取引金額、取引先で検索可能②日付、金額の範囲を指定して検索可能③2つ以上の任意の項目を組み合わせて検索可能	⟷	・下記の条件による検索が可能①日付、取引金額、取引先で検索可能②日付、金額の範囲を指定して検索可能③2つ以上の任意の項目を組み合わせて検索可能	
	・帳簿との相互関連性の保持		—	

まとめ
□ スキャナ保存と電子取引データ保存の要件はほぼ同じ
□ 両方の要件を満たしているシステムなら区別なく保存して可

検索要件の取引金額は
「税抜」と「税込」のどちらで入力？

●どちらに統一しても、混在していてもOK

　すでにお話ししてきたとおり、スキャナ保存、電子取引データ保存では、どちらも日付、取引金額、取引先の3つの項目で検索できることが要件になっています。

　このうちの**取引金額について、税抜金額、税込金額のどちらで統一するかは定められていません**。よって、**どちらでもよい**というのが答えになります。

　検索要件は税務調査の際に必要なデータを速やかに確認できるようにしておくことが目的のため、**帳簿と同じ金額で検索**できるようにしておくのが基本です。したがって、帳簿の処理方法に合わせて、税抜経理なら税抜金額で、税込経理なら税込金額でそろえるのが一般的です。ただし、**どちらかに統一せず、受け取った電子取引データに記載されている金額を、そのまま検索要件の金額条件にすることも可能**です。

　ところで、契約書や見積書に取引金額の記載のない場合があります。単価契約を結んでいて、最終的な取引個数で金額が変動するようなケースです。

　こうしたときは**取引金額を「空欄」もしくは「0円」**とします。ただし、空欄にする場合も、空欄を対象として検索できるようにしておかなければなりません。空欄の検索方法はソフトやシステムによって異なるため、はっきりしない場合は0円とするのがいいでしょう。そのうえで、納品書や請求書などと関連付け、実際の取引金額がわかるようにしておきます。

▶ 検索要件の取引金額の「税込」「税抜」の処理

| 処理方法 ① | 帳簿の処理方法に合わせてどちらかに統一する
▶税抜経理 ⇒ 税抜、税込経理 ⇒ 税込で統一 |

| 処理方法 ② | 税抜、税込は特に統一せず、
授受した電子取引データの金額にそろえる |

▶ 取引金額の記載がない場合の処理

| 処理方法 | ・金額を「空欄」または「0円」に設定
▶空欄にする場合も、検索できるようにファイル名等を工夫する

・納品書や請求書などと関連付ける |

ファイル名で空欄にする場合

① ファイル名の付け方

通常のファイル名の付け方:
日付_取引先_取引金額

取引金額を空欄にする場合は、「_」などの後ろに、スペースを入れる

20240515_(株)技研商会_スペース

② 検索方法
ウィンドウズのエクスプローラーで検索する場合は"* *"(*と*の間にスペース)で検索できる(ソフトによって検索方法は異なる)

まとめ
☐ 取引金額は税抜と税込が混在していてもOK
☐ ただし、帳簿処理とそろえて統一したほうがわかりやすい

電子データのバックアップや
保存先の移動に制限はある?

● クラウド型会計ソフトならバックアップの必要なし

　電帳法の法令上、電子データのバックアップは保存要件となっていません。しかし、電子データは記録媒体の経年変化による劣化やハードディスクの故障など、予期せぬトラブルによってデータが消失してしまう可能性があるため、実務的にはバックアップデータを保存している事業者が多いでしょう。

　国税庁も電子データのバックアップデータの保存を推奨しています。つまり、**バックアップを目的としたデータのコピーは許される**ということです。

　近年、クラウドストレージの普及に伴い、記録媒体やハードディスクへの保存から、クラウドへのデータ保存が一般的になりました。すでに説明したとおり、電帳法上、電子データの保存先の規定はなく、バックアップデータもクラウド上に保存しても問題ありません。

　なお、**一般的なクラウド型の会計ソフトには、すべてのデータをまとめて一度にバックアップする機能はありません**。バックアップについては、**クラウド会計ソフトのベンダー側で担保**する契約になっているためです。利用者(ユーザー)側でバックアップデータを保存する必要はないので、その分の手間が省けます。

　それでも心配で、クラウド型会計ソフトのバックアップデータを手元に置いておきたい場合は、本来、ソフトを乗り換える際などに利用する各ソフトの**エクスポート機能を利用して、CSV 形式のファイルとして出力して保存**しておく方法が考えられます。

● 電子データのバックアップについての利用規約例
（マネーフォワード クラウドの場合）

第16条（データバックアップ）

1. 当社は、契約者のデータ等を、定期的なバックアップにより一定期間、複数個所に保管します。
ただし、契約者においても、本サービスの利用に関連して入力、提供または伝送するデータ等について、必要な情報は自己の責任で保全するものとします。
2. 当社は、当社システムの障害等によって契約者のデータ等が消失した場合、当社がバックアップしたデータ等を用いて復旧するものとします（契約者毎の要望に応じて、バックアップしたデータ等を提供するものではありません。）。

> クラウド会計を提供する側でバックアップデータを取っていることが明記されているが、「当社システム障害等」という但し書きがある点に注意。いかなる場合も保証されるわけではない

第17条（データバックアップの対象外）

1. 本サービスを無料で利用している契約者（以下「対象外契約者」といいます。）は、前条のデータバックアップの対象外とします。
2. 対象外契約者は、データ等を自己の責任において、管理又は保存しなければなりません。

> トライアル期間など無料で利用している契約者については、バックアップの対象外とされている

※2023年5月12日時点の利用規約に基づく（マーカーは書籍制作側による処理）

● 仕訳帳のバックアップ

> ほとんどのクラウド会計ソフトで、CSV形式によるエクスポートが可能。CSVファイル形式で保存したバックアップデータを会計ソフトにインポートすることで復元できる（ただし、会計ソフトによってエクスポートできるデータの範囲は異なる）

※画面は「マネーフォワード クラウド」

まとめ
- □ バックアップデータの保存方法や保存先についての制限はない
- □ クラウド型会計サービスはバックアップを原則担保

個人事業者が電帳法への対応で
発注元から求められそうなことは?

● 請求書のPDF化や電子契約サービスの利用が増加

　個人事業主やフリーランスも電帳法と無関係ではいられません。発注元から「請求書はPDF」と指定された場合、請求書作成ソフトを導入してもかまいませんが、ワードやエクセルで請求書を作成して紙に出力して押印し、スキャナで読み取ってPDFで保存することもできます。

　また、ワードなどで保存する際に、直接PDFとして保存する方法もあります(P.42参照)。保存の代わりにメニューから「エクスポート」を選んでも同様です。ただし、この方法では印影が入りません。商習慣上、印影が必要であれば、**電子的に押印**します(P.92参照)。この場合の押印は認印のようなものですから、タイムスタンプ機能は不要です。そのため、**自分で電子印鑑を作成**することもできます。まっさらの紙に押印してスキャンし、画像加工ソフトで切り抜いて保存しておけば、繰り返し印鑑として利用できます。ワードなどで画像として挿入したり、Adobe Acrobat Reader(無料ダウンロード可)のスタンプ機能を使って印影を入れられます。

　そのほか、個人事業主も機会が増えそうなのが、電子契約(P.94参照)です。電子契約では、契約先からメールで送られてきたURLから電子契約サービスに入って署名し、契約を結びます。契約書の控えはあとからメール添付で送られてくるか、システムからダウンロードして、電子取引データとして保存します。取引先によって利用する電子契約サービスが異なる場合は、**取引先ごとに電子契約サービスの名称やパスワードを管理**し、トラブルに備えましょう。

● Adobe Acrobat Readerで電子印鑑を挿入する手順

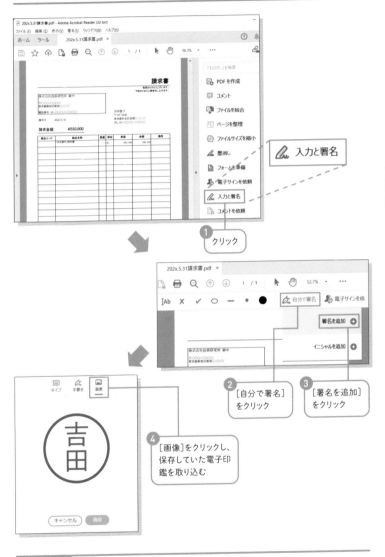

ホーム
ツール
202x.5.31請求書.pdf ×

入力と署名

1 クリック

2 [自分で署名]をクリック

3 [署名を追加]をクリック

4 [画像]をクリックし、保存していた電子印鑑を取り込む

まとめ
- □ 電子印鑑は自分でも作成できる
- □ 電子契約では、パスワードの管理を忘れずに行う

海外との取引において
電子帳簿保存法で注意すべき点は？

● 関税法上も電帳法と同様に保存が必要

事業として海外と品物などを輸出入した場合、品名や数量、価格などを記載した帳簿、書類、そして電子データの保存が関税法上、義務付けられています。

輸出入関係の帳簿、書類、電子データ保存の基本的なルールは、電帳法における国内でのやり取りと同じです。外国語の書類を日本語に翻訳する必要もありません。注意したいのは次の2点です。

一つは、関税関係の帳簿の記載事項と各種書類の関係がわかるように、輸出入の許可通知書の番号などによって整理して保存しておくこと。P.55の上の図と同じように、伝票番号を起点に統一する、もしくは帳簿に記載されている許可書の番号を書類に付ける方法などで管理します。

また、メールなどでやり取りした証憑書類などの電子データは内容にいっさい手を加えずに、そのまま保存すること。ただし、検索要件となっている金額については日本円にする必要があります。**外貨から日本円に換算した金額をファイル名に付け、日本円で検索できる**ようにしましょう。**為替レートは支払日のレート**で計算すればOKです。また、会計ソフトへの入力は摘要欄などに元の外貨、たとえば**米ドルやユーロなどの種類**をわかるように入力します。

なお、関税法においても、電子取引の情報を電子データで保存する場合の仮装隠蔽については、スキャナ保存のルールで説明したのと同様に（P.84参照）、ペナルティとして重加算税10％が加重されます。

対象		輸出	輸入
対象者		業として輸出する輸出申告者	業として輸入する輸入申告者
帳簿	記載事項	品名、数量、価格、仕向人の氏名（名称）、輸出許可年月日、許可書の番号	品名、数量、価格、仕出人の氏名（名称）、輸入許可年月日、許可書の番号
	保存期間	5年間（輸出許可の日の翌日から起算）	7年間（輸入許可の日の翌日から起算）
書類	内容	輸出許可貨物の契約書、仕入書、包装明細書、価格表、製造者または売渡人の作成した仕出人との間の取引についての書類、その他税関長に対して輸出の許可に関する申告の内容を明らかにすることができる書類	輸入許可貨物の契約書、仕入書、運賃明細書、保険料明細書、包装明細書、価格表、製造者または売渡人の作成した仕出人との間の取引についての書類、その他税関長に対して輸入の許可に関する申告の内容を明らかにすることができる書類
	保存期間	5年間（輸出許可の日の翌日から起算）	原則5年間（輸入許可の日の翌日から起算）
電子取引の取引情報に係る電磁的記録の保存	内容	電子取引（いわゆるEDI取引、インターネット等による取引、電子メール等により取引情報を授受する取引）を行った場合における当該電子取引の取引情報（貨物の取引に関して授受する契約書、仕入書等に通常記載される事項）	
	保存期間	5年間（輸出許可の日の翌日から起算）	5年間（輸入許可の日の翌日から起算）

Part
6

実務の現場で役立つ電帳法の実践アドバイス

まとめ

☐ 輸出入に関する帳簿や書類、電子取引データも電帳法の対象
☐ 仮装隠蔽には重加算税が加重されるペナルティも同様

電帳法関連の記事などで目にする EDI取引とは?

◉ フォーマットの統一化を図るEDI取引

DX を進める上で有用なのが「EDI」です。EDI とは、"Electronic Data Interchange"（電子データ交換）の略称です。企業や行政機関などを**専用のデータシステムでつなぎ、書類などの書式を統一した電子データでやり取り**するものです。

EDI の最大のメリットはフォーマットを統一するため、**授受した電子取引データを自動的にコンピュータに取り込むことができる**点です。そのため、受け取ったデータを自社のシステムに手作業で入力する手間が削減され、入力ミスの防止にもつながります。取引先の環境に合わせてファクスやメールを使い分ける必要もなくなります。

見積書、発注書、納品書、請求書などの証憑書類も、EDI による取引の対象です。**EDI で授受したデータは、電帳法の電子取引データ保存**の要件に従って管理します。

ただし、EDI を利用するには、EDI に対応したシステムの導入が必要になります。大企業などが独自の仕様で構築した専用 EDI システムや、業界団体など中立した機関が汎用性重視で、取引規約や運用ルールなどを定めた標準 EDI などがあります。中小企業間の取引に最適化された「中小企業共通 EDI」などが後者の代表です。**EDI に対応したプロバイダーと契約**して、間接的に利用することになります。

EDI はまだ発展途上のシステムですが、将来的には JIIMA 認証などと同様に、EDI に対応しているかどうかが、会計ソフトなどの選択のポイントになっていくかもしれません。

● EDIシステムのしくみ

従来の受発注

発注者
データ入力

郵送・ファクス・電子メール
などで書類を発送

受注者
確認・データ入力

受注者側がデータを
手動で入力

EDIシステムを利用した受発注

発注者
データ入力

EDI

EDIシステムを通じて
電子データとして送受信

受注者
確認

データを確認する
だけでよい

● EDIシステムのメリット・デメリット

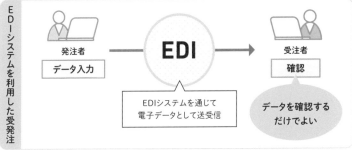

メリット

・手入力が不要となり、ミスが発生しにくい
・書類の出力や発送が不要となり、コストを削減できる
・大量の書類を処理できるため、業務の効率化を図れる
・取引先別にファクスやメールを使い分ける必要がない

デメリット

・相手先がEDIシステムを導入していないと活用できない
・取引先がEDIシステムを導入していても、システムの互換性がないと活用できない
・取引量や取引先が少ない企業だと、かえってコスト高になること場合もある
・導入時にコストがかかる

まとめ

☐ EDI取引による受発注は電子取引データ保存の対象となる
☐ EDIの今後の広がりを注視しておく

5つのステップでわかる
電帳法への
対応プロセス

電帳法への対応はここで紹介するステップを参考に、段階を追って進めましょう。
※STEP2〜5の要件等は2024年1月1日以降の新ルールに基づいています。

STEP 1　現状把握

取り扱っている帳簿・書類をすべて洗い出し、電帳法に対応可能な書類を確認します。

【対象となる帳簿・書類】

帳簿		総勘定元帳、仕訳帳、現金出納帳、売掛金元帳、買掛金元帳、固定資産台帳、売上帳、仕入帳、貸付金台帳、借入金台帳、未払金台帳、有価証券台帳など
書類	決算関係書類	貸借対照表、損益計算書、棚卸表など
	取引関係書類	契約書、納品書、請求書、領収書、見積書、注文書、検収書、送り状など

【分類】

タスク❶ 取り扱っている帳簿・書類を「電子データ」と「紙」に分類する

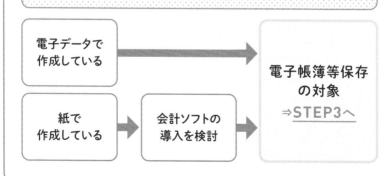

帳簿・決算関係書類(自己で完結する書類)

電子データで作成している → 電子帳簿等保存の対象 ⇒STEP3へ

紙で作成している → 会計ソフトの導入を検討 → 電子帳簿等保存の対象 ⇒STEP3へ

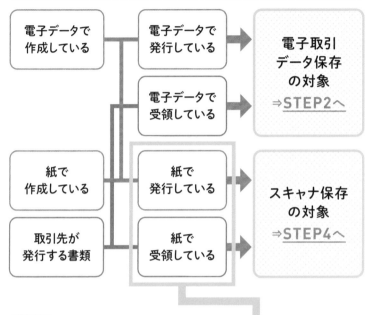

取引関係書類（取引先と授受する書類）

電子データで作成している	電子データで発行している	**電子取引データ保存の対象** ⇒STEP2へ
	電子データで受領している	
紙で作成している	紙で発行している	**スキャナ保存の対象** ⇒STEP4へ
取引先が発行する書類	紙で受領している	

タスク② 電子化できない書類を把握する

紙から電子データ（メールへのPDFなどの添付、クラウド経由、EDI取引など）への移行を検討。取引先へも打診

電子化に対応できない書類や取引先について、「紙による保存を継続する」「スキャナ保存を導入する」「電子化未対応の取引先などとの関係を見直す」など方針を検討

電帳法にどこまで対応するか、いつを開始日とするかを決定！

STEP2 電子取引データ保存への対応

保存要件を整備する。

Ⓐ 真実性の確保

下記からいずれかを選択する。

> 1.タイムスタンプが付与されたデータを受け取る
>
> 2.データ授受後、一定期間内にタイムスタンプ付与
>
> 3.訂正削除が確認できるシステム、または訂正削除を行えないシステム
> 　 でデータの授受及び保管
>
> 4.訂正削除の防止に関する事務処理規程の備え付けと運用

> JIIMA認証を受けたクラウド会計
> ソフトを利用すれば要件を満たす

> 1〜3のいずれを満たしていても、
> 備え付けることが望ましい

Ⓑ 可視性の確保

下記をすべて満たす。

> 1.パソコンやディスプレイ、プリンターなどの出力機器の備え付け
>
> 2.市販のソフト利用の場合、システム概要書などの備え付け
>
> 3.日付、金額、取引先のうち、2つ以上の条件を組み合わせて検索できる

> 基準期間の売上高5,000万円以下の事業者は不要。ただし税務調査の際に求
> めに応じてダウンロードできるようにしておく

STEP**3**　電子帳簿等保存への対応　　**任意**

保存要件を整備する。

Ⓐ 必要な要件

下記からいずれかを選択する。

要件	帳簿		書類
	優良	優良以外	
システムのマニュアルなどの備え付け	○	○	○
可視性の確保	○	○	○
ダウンロードの求めに応じられる	—※1	○※2	○※3
訂正・削除・追加を行った場合の内容を確認できる	○	—	—
帳簿間での相互関連性の確保	○	—	—
検索機能の確保	○※1	—	—※3

※1 ダウンロードの求めに応じられる場合は検索機能の要件が一部不要になる
※2 優良な電子帳簿の要件をすべて満たしている場合は、ダウンロードの求めに応じられる要件は不要
※3 検索機能の確保ができている場合は、ダウンロードの求めに応じられる要件は不要

Ⓑ 優良な電子帳簿に必要なこと

優良な
電子帳簿

・指定の国税関係帳簿を電子化
・税務署への届出により優遇措置の対象

JIIMA認証の
会計ソフトを
利用

Ⓒ その他の電子帳簿に必要なこと

その他の
電子帳簿

・一部の国税関係帳簿の電子化も可
・届出は必要なし

市販の
会計ソフトの
多くが該当

スキャナ保存への対応（紙の書類の電子化）

任意

保存要件を整備する。

要件	2024年1月1日以降	
	重要書類	一般書類
入力期間の制限	あり	なし
タイムスタンプの付与もしくはバージョン管理	あり	あり
機器の解像度やカラーの規定	あり（カラー）	あり（グレースケール可）
読み取り時の解像度、階調、大きさ情報の確認	あり	あり
解像度、階調情報の保存	―	―
大きさ情報の保存	―	―
帳簿との相互関連性の保持	あり	―
検索機能の確保	あり	あり

業務サイクル期間を選択した場合は「最長2カ月＋おおむね7営業日以内」

業務サイクル期間でタイムスタンプを付与する場合は事務処理規程の作成が必要

重要書類の要件に統一しておく

情報の保存の義務はなくなるが、スキャンする際は2023年12月31日までの基準を満たす必要がある

クラウド会計などでは標準機能として関連付けが行われるものも

クラウド会計などでは標準装備されているものがほとんど

STEP 5　事務処理規程の作成

P.40などを参照。おもに下記について規程が必要。

<table>
<tr><td rowspan="6">電子取引データ保存</td><td>電子取引データの訂正および削除の防止に関する事務処理規程（※電子取引データの範囲や訂正・削除の条件を規定）</td></tr>
<tr><td>索引簿の作成規程（※表計算ソフトでデータを整理する場合に作成）</td></tr>
<tr><td>ファイル名の統一規程（※検索可能なファイル名に）</td></tr>
<tr><td>電子印使用に関する社内規程</td></tr>
<tr><td>電子契約に関する社内規程</td></tr>
<tr><td>紙と電子、両方があるときの正本を電子とする社内規程</td></tr>
<tr><td>電子帳簿等保存</td><td>国税関係帳簿に係る電子計算機処理に関する事務の手続きを明らかにした書類（※仕訳データの入力や管理責任者などを規定）</td></tr>
<tr><td rowspan="2">スキャナ保存</td><td>スキャナによる電子化保存規程（※対象書類とスキャニングの手順、タイムスタンプ付与期限など）</td></tr>
<tr><td>国税関係書類に係る電子計算機処理に関する事務の手続きを明らかにした書類（※書類の受領手順、スキャナ保存の手順などを規定）</td></tr>
</table>

Index

■ 問い合わせについて

本書の内容に関するご質問は、下記の宛先までFAXまたは書面にてお送りください。
なお電話によるご質問、および本書に記載されている内容以外の事柄に関するご質問にはお答え
できかねます。あらかじめご了承ください。

〒162-0846　東京都新宿区市谷左内町21-13
株式会社技術評論社　書籍編集部
「60分でわかる!　電帳法&経理DX 超入門」質問係
FAX:03-3513-6181

※ご質問の際に記載いただいた個人情報は、ご質問の返答以外の目的には使用いたしません。
　また、ご質問の返答後は速やかに破棄させていただきます。

60分でわかる!
電帳法&経理DX 超入門

2023年 7月 8日　初版　第1刷発行
2024年 3月15日　初版　第5刷発行

著者……………………… 土屋裕昭、大沢大作

発行者………………… 片岡　巌
発行所………………… 株式会社 技術評論社
　　　　　　　　　　　　東京都新宿区市谷左内町 21-13
電話…………………… 03-3513-6150　販売促進部
　　　　　　　　　　　　03-3513-6185　書籍編集部
編集………………… 飯野実成、三浦顕子
担当………………… 橘　浩之
装丁………………… 菊池　祐 （株式会社ライラック）
本文デザイン・DTP …… 山村裕一 （cyklu）
本文フォーマットデザイン… 山本真琴 （design.m）
製本／印刷…………… 大日本印刷株式会社

ISBN978-4-297-13579-9 C0033
Printed in Japan